中国会计文化认知

主　编　徐秀燕　王翠翠

副主编　冯淑蓉　李　琪　孙　圆

参　编　张文秀　闫　雪

中国财富出版社有限公司

图书在版编目（CIP）数据

中国会计文化认知／徐秀燕，王翠翠主编．－－北京：中国财富出版社有限公司，2024.10．－－ISBN 978－7－5047－8251－9

Ⅰ．F230

中国国家版本馆 CIP 数据核字第 2024WS1904 号

策划编辑	李　丽	责任编辑	李　丽	版权编辑	李　洋
责任印制	梁　凡	责任校对	卓闪闪	责任发行	于　宁

出版发行	中国财富出版社有限公司		
社　　址	北京市丰台区南四环西路 188 号 5 区 20 楼	邮政编码	100070
电　　话	010－52227588 转 2098（发行部）	010－52227588 转 321（总编室）
	010－52227566（24 小时读者服务）	010－52227588 转 305（质检部）
网　　址	http://www.cfpress.com.cn	排　　版	宝蕾元
经　　销	新华书店	印　　刷	北京九州迅驰传媒文化有限公司
书　　号	ISBN 978－7－5047－8251－9/F·3749	
开　　本	787mm×1092mm　1/16	版　　次	2025 年 1 月第 1 版
印　　张	13.5	印　　次	2025 年 1 月第 1 次印刷
字　　数	303 千字	定　　价	49.80 元

党的二十大报告中强调，"增强文化自信，围绕举旗帜、聚民心、育新人、兴文化、展形象建设社会主义文化强国"。中国会计文化，根植五千多年文明，随历史变迁而发展。自原始社会积淀，经夏商周成形，至唐宋达鼎盛，明清虽遇挑战仍底蕴深厚，近代中式会计在交融中焕发新生。革故鼎新是中国历史的常态，鉴往知今是中华民族不断前进的智慧源泉。会计文化作为中国优秀传统文化的重要组成部分，其历史源远流长，塑造着会计从业者的软实力。

我国著名会计学家杨时展先生曾说："天下未乱计先乱，天下欲治计乃治。"会计作为经济状况的"晴雨表"，在中国五千多年文明史中扮演了重要角色。会计记录着经济命脉，经济越发展，会计越重要。会计人既应树立崇高的职业追求，秉持诚信、客观、公正的职业操守，不断提升自身的专业素养和综合能力，塑造职业自信，也应传承优秀会计文化精髓，增强精神力量，促进个人的全面发展。

本教材以培养会计专业学生文化自信、专业自信、职业自信为目标，以中国会计历史文化演进为主线，共分为六章：第一章以历史素材介绍系统的重要性、诠释会计的系统性、搭建本教材的整体架构；第二章介绍中国会计起源；第三章通过梳理典型君王、名臣、改革家的理财理想与原则，分析其会计行为与制度设计；第四章介绍中国历代会计组织制度和会计法律制度变革发展；第五章呈现会计结算方法、记账方法、会计凭证、会计账簿、会计报告、会计分析的发展演进过程，介绍计算技术史与会计史的关系；第六章介绍会计诚信精神、工匠精神及会计职业道德。

本教材的特色是应用思维导图以直观、可视化的方式，将复杂的会计文化演进过程进行条理化、结构化展示，使学生能够快速捕捉各章节的核心要点和内在联系。操作题的设计结合课程学习，引导学生绘制思维导图，帮助学生锻炼思维与动手能力的同时巩固知识并提升认知。此外，为方便教师教学，本教材配有电子教案、教学指南及习题答案（电子版）等。请有需求的读者登录中国财富出版社官网（www.cfpress.com.cn）下载或扫描二维码获取。

　　本教材是济南信息工程学校会计事务组与山东君乐教育管理咨询有限公司校企合作的结晶，双方结合各自优势，共同打造。济南信息工程学校会计事务组凭借多年的教学经验，负责专业内容的把关；而山东君乐教育管理咨询公司则发挥在思维导图教学应用方面的专长，为每一章节精心绘制了思维导图，这些思维导图不仅美观实用，更成为师生教学过程中的重要辅助工具，极大地提升了会计文化教学的趣味性和实效性。

　　本教材由徐秀燕、王翠翠担任主编，冯淑蓉、李琪、孙圆担任副主编，张文秀和闫雪参与编写。编写分工如下：第一章和第六章由徐秀燕老师独立撰写；第二章和第三章由冯淑蓉老师与李琪老师合作完成；第四章和第五章由徐秀燕老师、王翠翠老师、孙圆老师和张文秀老师共同编写；教材中的思维导图和教材配套课件资料由李琪老师与冯淑蓉老师合作完成。

　　本教材的编写得到了编委会人员所在学校等有关单位领导、专家的大力支持与指导。本教材参考引用了部分专家学者的研究成果，在此表示衷心的感谢。在编写过程中，本教材涉及部分网络资料统整和再加工，在此一并感谢原创作者。

　　由于时间和编者水平有限，疏漏之处在所难免，恳请读者批评指正，唯望本教材日臻完善。

编　者

2024 年 9 月

扫描二维码
获取更多资料

目　录

第 一 章

会计系统之美

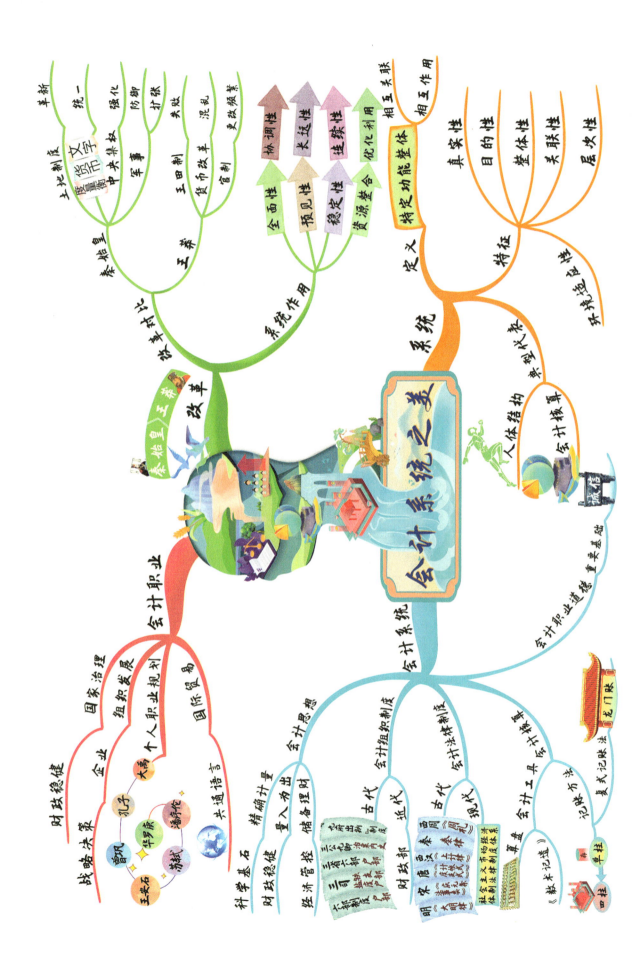

统计系系

改革

改革对比

秦始皇
- 革新
- 统一
- 强化
- 防御
- 扩张
  - 土地制度
  - 度量衡
  - 文字
  - 货币
  - 中央集权
  - 军事

王莽
- 失败
- 混乱
- 变改频繁
  - 王田制
  - 货币改革
  - 官制

系统作用
- 协调性
- 长远性
- 连续性
- 优化利用
- 全面性
- 预见性
- 稳定性
- 资源整合

系统

定义
- 特定功能整体
  - 相互关联
  - 相互作用

特征
- 真实性
- 目的性
- 整体性
- 关联性
- 层次性
- 环境适应性

典型体系
- 人体结构
- 会计核算

会计职业

- **财政稳健**
  - 战略决策
- **企业**
- **国家治理**
- **组织发展**
- **个人职业规划**
  - 大禹
  - 孔子
  - 潘序伦
  - 罗伯特
  - 华罗庚
  - 苏轼
  - 智颐
  - 王安石
- **国际贸易**
  - 共通语言
  - 地球

会计系统

- **会计思想**
  - 科学基石
  - 财政稳健
  - 经济管控
  - 量入为出
  - 储备理财
  - 精确计量
- **会计组织制度**
  - 古代
    - 三司
    - 六部
  - 近代
    - 财政部
- **会计法律制度**
  - 古代
    - 秦
    - 西汉
    - 唐
  - 现代
    - 社会主义市场经济体系
- **会计工具与会计核算**
  - 真盘
  - 记账方法
    - 复式记账法
    - 单柱
    - 四柱
    - 龙门账

会计职业道德 真实基础
诚信

学习目标

◀ **思政目标** ────────────────────────────

1. 培养学生的诚信意识和职业责任感，使之理解会计职业道德在职业生涯中的重要性，进而形成高尚的会计职业操守。

2. 通过历史案例的学习，培养学生从系统的角度分析问题和解决问题的能力，强化学生的全局观念。

3. 增强学生对会计文化历史的认知，提升学生文化自信和历史使命感。

◀ **知识目标** ────────────────────────────

1. 了解会计思想的主要演变过程，理解精确计量、量入为出、储备理财等会计思想的核心内容。

2. 了解会计组织制度的建立与发展，熟悉会计部门在不同历史时期的职责和职能。

3. 了解古代财计法律制度的演进过程，理解社会主义市场经济体制下会计法律制度的基本框架。

4. 熟悉古代记账法的演进过程，理解四柱结算法和龙门账的基本原理，了解现代会计核算的基本方法。

◀ **能力目标** ────────────────────────────

1. 能够运用系统思维分析会计案例，理解其背后的逻辑和规律。

2. 能够运用所学会计知识解决实际问题，如进行简单的会计核算和分析。

3. 通过小组讨论等形式，培养学生的沟通能力和团队协作能力。

会计文化导入

中国会计文化源远流长，其系统深植于历史长河。古语有云："零星算之为计，总合算之为会。"此言精练地勾勒出古代会计的核心——核算与总结。

《周礼》记载，"出入以要会"，汉代郑玄在《周礼注疏》中将之解释为"月计曰要岁计曰会"，司会、司书各司其职，确保了财政管理的严谨与细致。孔子（前551—前479）云，"会计当而已矣"，强调会计之真实与平衡，不容偏差。

苏辙（1039—1112）《次韵孙推官朴见寄二首》中的"粗知会计犹堪仕（一作任），贪就功名有底忙"说明，会计知识是官员任职所需的一种储备知识，表明了会计知识或技能在古代官场中的重要性。曾巩（1019—1083）的"贫仕任固小，会计未可失"，进一步彰显了会计在古代社会中的重要地位。

会计文化具有深厚的底蕴。古代会计制度从"三柱结算法"到"四柱结算法"，再到明朝的"龙门账法"与清朝的"四脚账法"，逐步演进。这些会计制度严谨而富有变化。

总之，中国会计文化系统如同一部悠长的史诗，记录着会计人员的辛勤与智慧，见证着财政管理的发展与完善。其精髓在于精确计量、真实反映与严格监督。

朝代的更迭不仅意味着政治权力的转移，涵盖了经济、文化、社会结构等多方面的深刻变迁，还是系统不断变化和完善的过程。各朝各代的兴衰，乱世各有各的乱，盛世都在统一反映着系统的作用。

我们将目光聚焦于历史上两位极具代表性的改革皇帝——秦始皇与王莽，从他们的改革之路探讨系统性思维在改革中的关键作用，并以此为镜，映照会计系统在当代社会中的价值与应用。

第一节

秦始皇和王莽的改革之路

一、秦始皇改革

秦始皇（前259—前210）的改革之深远、全面，为后世奠定了坚实的政治与经济基础。他的改革并不局限于单一领域，而是从土地、文化、制度、军事等多个方面进行系统性调整，从而构建了一个稳定而强大的国家体系。

（一）土地制度革新

废除井田制，推行阡陌制，打破旧有土地格局，极大地促进了农业生产，为国家的繁荣奠定了物质基础。

（二）统一度量衡、货币与文字

通过统一度量衡、货币与文字，加强各地经济文化交流，巩固了国家统一，促进了商品流通与经济发展。

（三）中央集权强化

推行郡县制，将权力集中于中央，确保政令畅通无阻，为国家长治久安提供了制度保障。

（四）军事防御与扩张

修筑长城，有效抵御外族入侵；南征百越、北击匈奴，扩大了国家疆域，维护了边疆稳定。

二、王莽改革

相比之下，王莽（前45—后23）的改革则显得片面，缺乏系统性思维。他试图通过一些政策来解决社会问题，未能从根本上扭转西汉末年的衰败局面，反而加速了新朝的灭亡。

（一）王田制失败

废除土地私有制，禁止私人买卖土地，旨在解决土地兼并问题，却遭到强烈反对，未能有效实施。

（二）货币改革混乱

频繁更换货币种类和面值，导致经济混乱，严重扰乱了国民经济秩序。

（三）官制更改频繁

经常更改官制、官名，给国家治理和人民生活带来极大不便，未能解决实际问题。

三、系统的作用

英明的君王能够从系统的角度出发，进行全面调整和优化；而缺乏这种智慧和远见的君王往往只能看到问题的表面现象，无法从根本上解决问题，最终导致国家的衰败和灭亡。

系统的作用在秦始皇改革与王莽改革的对比中显得尤为突出。

（一）全面性与协调性

秦始皇在改革过程中，充分从系统思维，从政治、经济、文化等多个方面入手，制定了一系列相互关联、相互支持的改革措施。秦始皇废除了分封制，建立了以皇帝为中心的中央集权制度，在地方实行郡县制，由皇帝直接任免主要官吏。这一措施打破了以往以血缘关系为基础的宗法制度，加强了国家对地方的直接管辖，确保了政令的畅通无阻。与此同时，秦始皇在经济领域推行统一货币和度量衡的改革。他废除了六国旧币制，发行了统一的货币（如半两钱），消除了贸易壁垒，促进了商品流通和经济发展。统一度量衡也便于国家税收的征收和管理，提高了经济运行的效率。这些措施共同作用于国家的各个层面，形成了一个有机的整体，有力地推动了国家的统一和发展。

（二）预见性与长远性

秦始皇认识到，单纯依靠军事力量攻打匈奴并非长久之计。因此，秦始皇修建了长城，有效地阻挡了匈奴等北方游牧民族的南侵。这是一种更为稳健和长远的防御策略。只有确保边境的稳定，才能为国家的长远发展创造有利条件。

（三）稳定性与连续性

系统思维强调政策的稳定性和连续性，只有保持政策的稳定才能确保改革的顺利实施和改革效果的持久性。

秦始皇在推行改革的过程中，始终坚持既定的方针政策，不轻易更改，这种稳定性在秦律的制定和实施上表现得尤为突出。秦始皇下令制定秦律，作为全国统一的法律标准，结束了以往六国法律不一的混乱局面，确保了法律执行的公正性和规范性。之后持续性的修订工作，保证了秦律能够与时俱进，满足国家发展的需求。在推行秦律的过程中，他设立了标准化的法律学校，培养法官和律师，以确保法律的正确理解和执行；同时，通过刻石宣传等方式，普及法律知识，增强人们对法律的认知和遵守度。秦律的全国统一性，加强了中央政府对地方的控制。通过严格的法律执行和监督机制，中央政府能够确保地方官员依法行政，维护国家的统一和稳定。

王莽则频繁更改政策。王莽在位 15 年，进行了 4 次大的币制改革，导致百姓和官吏无所适从，最终走向失败。

（四）资源整合与优化利用

系统思维还强调对资源的整合与优化利用。秦始皇在改革过程中展现了卓越的系统思维，特别是在对资源的整合与优化利用方面。

水利作为农业的命脉，对于国家经济的繁荣和稳定至关重要。秦始皇不局限于解决当前的灌溉问题，而是从全局出发，考虑如何通过水利工程实现水资源的跨区域调配、防洪抗旱、促进农业生产和促进交通运输等多重目标。他通过严格的户籍制度和徭役制度，将全国范围内的劳动力有序地组织起来，投入水利工程的建设。秦始皇时期修建的郑国渠、灵渠等水利工程，极大地改善了农田的灌溉条件，提高了农业生产效率。

秦始皇通过系统的规划、资源的整合和优化利用，实现了水资源的跨区域调配和高效利用，为秦代的农业繁荣和经济发展奠定了坚实基础。这一举措不但在当时具有重要意义，而且对后世的水利工程建设产生了深远影响。

综上所述，系统的作用在秦始皇改革与王莽改革的对比中得到了充分体现。一个成功的改革者必须具备系统性的思维，能够全面、深入地分析问题并制定符合实际的改革措施；还要保持政策的稳定性和连续性，要合理利用国家资源，以推动改革的顺利实施和持续发展。

课后练习

1. 操作题

通过学习本节内容，在（　　　）处填入合适的关键词，将下面的思维导图补充完整。

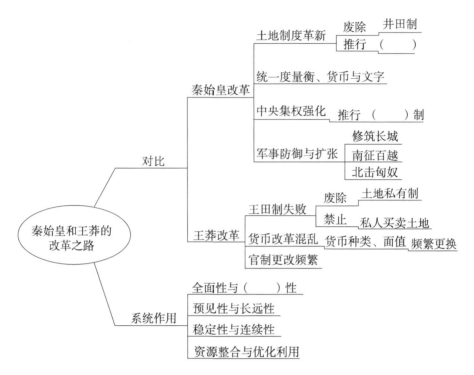

2. 思考题

秦始皇改革与王莽改革在实施过程中有何异同？这些异同对改革成败有何影响？

第二节

系统是创造历史的伟大存在

自古以来，系统便犹如一位能创造奇迹的伟大存在，引领着我们探索未知的广阔领域。它犹如一盏明灯，照亮我们深入挖掘问题根本的道路。

一、系统的定义

系统是一个由多个相互关联、相互作用的部分构成并具有特定功能的整体。它具备真实性、目的性、整体性、关联性、层次性和环境适应性等关键特性，这些特性共同决定了系统的性能和表现。在各个领域中，系统都发挥着重要的作用。

环顾四周，无论是人类机体、森林、教育体系、公司架构，还是会计核算这一专业领域，都无一不体现出复杂系统的精妙与奥秘。

二、系统的特征

在探讨系统特征时，我们可以借助以下实例来深入理解：一是我们熟悉的人体结构，二是会计专业中的会计核算。通过人体结构和会计核算，我们可以更加直观地认识和把握系统的各个特性。

（一）真实性——系统的基础特征

1. 人体结构的真实性

人体由细胞、组织、器官等真实存在的实体构成，每个部分都具有特定的形态、结构和功能。例如，心脏是一个真实的泵血器官，由心肌、心腔、瓣膜等构成，具有收缩和舒张的能力，通过泵血维持全身的血液循环。

2. 会计核算的真实性

在会计核算中，每一笔交易、每一项财务数据都必须是真实、准确的，这是会计信息可靠性的基础。例如，企业的销售收入、成本支出等都必须有真实的交易凭证作为支持。

（二）目的性——系统存在和发展的根本动力

1. 人体结构的目的性

人体结构的目的在于维持生命活动，实现生长、发育、繁殖和适应环境等目标。例如，免疫系统负责抵抗外来病原体的入侵；神经系统负责协调和控制人体的各种生理活动。

2. 会计核算的目的性

会计核算的目的在于提供准确、及时的经济信息，帮助组织进行经济管理和决策。为实现这一目的，会计核算系统中配备了财务报表、分析工具和管理制度等。例如，财务报表能够全面反映企业的财务状况和经营成果；分析工具则帮助企业发现经济问题并提出解决方案。

（三）整体性——系统的重要特征

1. 人体结构的整体性

人体是一个由多个器官和系统组成的整体，每个部分都承担特定的功能，同时又相互依赖、相互协调。例如，消化系统负责食物的消化和吸收，为身体提供营养；循环系统则将营养和氧气输送到全身各个部位。

2. 会计核算的整体性

会计核算是由多个子系统组成的整体，如财务报表子系统、成本控制子系统、预算管理子系统等。其中，财务报表子系统负责编制企业的财务报表，反映企业的财务状况和经营成果；成本控制子系统负责监控企业的成本支出，提供成本控制建议。

（四）关联性——系统内部各要素之间的相互作用

1. 相互关联

人体各器官通过血液循环、神经系统等相互关联。例如，心脏通过泵血为全身提供养分和氧气，肺则通过呼吸作用为血液提供氧气并排出二氧化碳。

会计科目之间通过会计分录相互关联，以体现资金的流动和资产、负债的变化。例如，购买原材料并支付部分款项的业务涉及"原材料""银行存款""应付账款"等多个会计科目。

2. 相互作用

人体各器官之间通过相互作用保障人体的生理功能。例如，消化系统吸收营养物质，并通过血液循环输送到全身各组织细胞；肝脏对营养物质进行代谢；肾脏则排除代谢产物和多余水分。

会计核算的相互作用体现在会计科目的设置和核算方法方面，会计核算会影响财务报表的编制和分析。例如，应收账款的余额会影响资产负债表中的流动资产总额。

3. 相互影响

人体各要素之间的变化会相互影响。例如，当人体受到病毒感染时，免疫系统会启动防御机制，产生炎症反应等生理变化，这些变化会进一步影响其他器官和系统的功能。

会计核算各要素之间的变化也会相互影响。例如，企业销售收入的增加，会导致应收账款增加和利润表中的营业收入增加；同时，为了扩大销售规模可能需要增加存货采购和生产投入等成本支出。

（五）层次性——系统的重要特征

1. 人体结构的层次性

从细胞到组织，再到器官、系统，最终构成整个人体，呈现出不同的层次。例如，细胞是构成人体的基本单位，它们通过组合形成组织，组织进一步组合形成器官，器官再组合形成系统，最终多个系统协同工作构成完整的人体。

2. 会计核算的层次性

会计核算具有层次性，从基本的会计凭证到账簿、财务报表，再到整个企业的经济管理系统，呈现出不同的层次。例如，会计凭证是记录企业经济活动的基本单位；账簿是对会计凭证进行分类和汇总的工具；财务报表是基于账簿数据进行编制，全面反映企业财务状况和经营成果的报告。

（六）环境适应性——系统与外界环境的动态平衡

1. 人体结构的环境适应性

人体结构能够适应不同的环境条件和变化，以维持其正常的生命活动。例如，在寒冷的环境中，人体会通过收缩血管、增加产热等来维持体温。

2. 会计核算的环境适应性

会计核算需要不断适应企业内外部环境的变化，如政策调整、市场变化等，以提供准确、有用的经济信息。例如，当国家调整增值税税率时，会计核算必须迅速响应，更新系统以反映新税率，调整账务处理流程，确保财务报告能够准确反映税率变化对企业财务状况的影响。此外，会计核算还需要支持企业进行税务筹划，合理利用税收优惠。

通过我们最为熟悉的人体结构，以及即将深入学习的会计核算，我们可以观察到，它们各自以独特且精妙的方式，充分展现了系统的多重特征。由此，我们可以得出一个明确的结论：人体结构和会计核算都是典型的系统代表，它们具备系统所具有的各种特征。

课后练习

1. 操作题

通过学习本节内容，在（　　）处填入合适的关键词，将下面的思维导图补充完整。

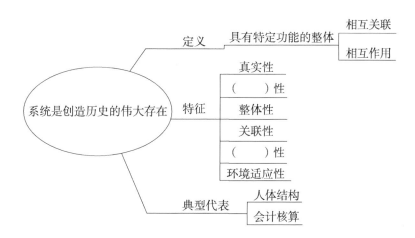

2. 思考题

请详细阐述在企业财务管理中，系统的真实性、目的性、整体性、关联性、层次性和环境适应性等特征分别如何发挥作用，以及它们对财务管理实践的具体影响。

第三节

会计系统各要素紧密协同,完美诠释系统之美

第二节深入剖析了会计核算所具备的系统特质。会计系统不仅涵盖会计核算,还包含会计思想、会计组织制度、会计法律制度和会计职业道德等要素。鉴于会计核算作为核心部分已充分展现了其系统性特征,我们可以合理推断,整个会计系统是一个高度融合的系统。在这个系统中,会计核算与其他各组成部分相互依存,共同致力于实现会计的目标与功能。

在会计系统的运行中,会计思想如同指引前行的明灯,为实践提供了坚实的理论基础,指引了前进的方向;会计组织制度确保了会计工作的有序进行和高效运转;会计法律制度确保了会计工作的规范性和统一性;会计核算作为会计系统的动力核心,精准地处理和转换着经济信息;会计职业道德是这个体系不可或缺的支撑,它要求从业人员恪守诚信、客观、公正的原则,以确保会计信息的真实性和可信度。

这些要素相互协作,各尽其职,呈现出一种和谐而高效的系统之美,使会计系统能够为企业和社会提供准确、可靠的财务信息,进而推动经济的稳健发展。

一、会计思想是会计工作的灵魂

会计思想为会计工作提供指导原则和理论基础。精确计量思想、量入为出思想、储备理财思想等都基于对国家经济活动的深入理解和分析。

(一) 精确计量思想——会计工作的科学基石

精确计量思想体现了对经济活动细节的深入洞察和精确把握。自新石器时代起,我们的祖先便不断探索和完善计量记录的方式,从简单的刻痕计数到复杂的数字系统,每一步演进都彰显了人类对精确计量的不懈追求。

在现代会计实践中,精确计量仍然是核心原则之一。无论是庞大的资产规模,还是细微的费用支出,都需要经过精确的计量和详尽的记录。这种对精确性的坚持不仅为组织提供了可靠的经济决策依据,还是整个经济体系健康发展的有力保障。例如,财务报表中的每一项数据都必须经过严格的计量和审核,以确保其真实、准确,从而为投资者、债权人等利益相关方提供明晰的决策参考。

（二）量入为出思想——财政稳健的守护者

量入为出思想根植于中华文化，体现了财政管理的稳健与审慎。在《周礼》等典籍中，我们可以看到"司会"等职位的设置，他们严格遵循量入为出的原则，根据国家的实际收入来合理规划支出，确保国家财政的稳健与安全。

历史上众多杰出人物如孔子、刘晏（718—780）、王安石（1021—1086）等，推崇节俭节用、反奢禁贪、开源节流等理财观念。他们强调在经济活动中要合理规划、避免浪费，要通过增加收入来源和减少不必要支出来强化财政基础。这种思想在现代仍然具有深远的指导意义。政府通过科学而全面的预决算管理详细规划每一笔财政支出，并根据实际情况进行灵活调整，既保障了国家重点项目的顺利推进，又有效避免了财政赤字的风险，确保了财政的稳健运行。

（三）储备理财思想——经济管控的智慧防线

储备理财思想深刻反映了人们对经济风险的预防意识和远见卓识。从夏、商、西周时期的初步储备观念，到《管子》中所倡导的崇储资财观念，历代对储备理财的重视和实践都彰显了人们对经济安全与稳定的深刻理解和不懈追求。

在现代市场经济环境下，储备理财思想依然发挥着指导作用。政府致力于建立完善的监管体系和政策引导机制，以推动企业加强储备理财工作，确保市场经济的平稳有序运行。同时，政府在积极推动社会保障体系的完善，如通过社会保障基金等为社会的长期稳定和持续发展提供坚实保障。此外，政府还通过建立全面的风险管理体系和资金储备机制来应对潜在的市场波动和风险事件。这些举措不仅覆盖了传统的货币资金储备，还涵盖了各种金融工具（如保险、期货等衍生产品）的运用，以实现资产的保值增值。这不仅对提升国家的经济实力和风险防范能力具有重要意义，还为会计工作的创新和发展提供了新的思路。可以说，储备理财思想是会计工作的理论基础，是推动行业进步的核心动力。

二、会计组织制度是会计工作的轨道

会计组织制度是会计工作的组织架构和管理体系。它确保了会计工作的有序进行和高效运转，为会计信息的生成和提供创造了良好的组织环境。

（一）古代会计组织制度

追溯到《尚书》所记载的夏朝，那时已经设立了许多官吏来负责管理各类事务，其中便包括管理财务的官员。到了西周时期，"九府出纳"制度的出现进一步明确了财务管理的具体职责与组织架构，为当时的政权提供了宝贵的财政信息。

进入秦朝，在三公九卿的制度框架内，"治粟内史"这一职位专门负责国家的财政经济工作，这不仅意味着财务管理正式融入国家行政管理体系，还意味着国家对财政管理的重视提升到新的高度。

至隋唐时，三省六部制的实施使政府机构更加完善。其中，户部是负责财政管理的专门部门，其职能的明确使会计工作更加专业化和系统化，为国家的经济发展提供了强有力的支持。

至宋朝，三司（盐铁、度支、户部）制度的设立，既使财政管理更加细致入微，也推动了会计工作的进一步发展。每项财政收支都得到了精心的记录与管理，为后世留下了宝贵的经济史料。

到了明朝，六部制度得以沿用，其中的户部依然承担着财政与会计工作的重任。这一时期，会计工作已经形成了较为完善的体系，为国家的财政稳健与经济繁荣奠定了坚实基础。

（二）近代会计组织制度

近代以来，随着中国社会的变革和经济的发展，会计工作逐渐与国际接轨。中华人民共和国财政部的设立标志着中国会计组织制度进入了一个新的阶段。中华人民共和国财政部既负责制定和执行国家的财政政策，也负责会计制度的制定和监督。

会计组织制度的构建严格遵循会计思想的核心要求，为整个会计工作搭建稳固的组织架构与高效的管理体系，旨在保障会计工作的有序与高效进行，从而为会计信息的产生和传递营造良好的组织氛围。

纵观历史长河，会计组织制度历经了持续的发展。会计工作已不再是简单的记账与核算，而是逐步拓展出管理分析、决策辅助等多元化、综合性的职能。这些转变，不仅折射出社会经济的日新月异，还彰显了会计行业的日渐成熟与蓬勃发展。在此进程中，会计组织制度始终扮演着至关重要的角色，为会计工作的发展与进步提供了坚实的组织保障。

三、会计法律制度是会计工作的保障

会计法律制度不仅是会计思想的法律表达，还是确保会计工作规范、有序进行的根本保障。通过为会计实践提供坚实的法律支撑和明确的操作准则，会计法律制度可以有力地保障会计信息的准确性和公正性，进而保护各利益相关方的权益。在中国古代会计法律制度的演进过程中，牵制、审计及监察等法律制度得到发展与完善，为后世的财政管理制度提供了宝贵的借鉴范例。

（一）中国古代会计法律制度的演进过程

1.《周礼》

《周礼》中已初步出现牵制的思想。以《周礼》为起点，我们可以看到当权者对国库组织、会计与出纳流程及储备制度的精细规划。粮食储备的管理便建立在严谨的计算、考核和报告机制之上，各级官员之间相互制约，以确保财政的稳健运行。

2. 秦律

秦律在中国法典式财政与会计制度中具有开创性意义。睡虎地秦墓竹简《秦律十八种》中详细规定了会计账簿的设置、记录和保管要求，体现了对国家资源合理分配和使用的严格把控。同时，御史大夫等职位不仅负责监察各级官员，还负责初步的审计工作，确保了财政制度的执行效果。

3.《上计律》

西汉时期，《上计律》的实施进一步加强了对官吏的考核力度。通过刺史等职位对地方财政进行监察和审计，加强了中央对地方财政的控制，体现了牵制与审计的并重。

4.《度支式》和《计帐式》①

唐朝则通过《度支式》和《计帐式》等法律，展现了财计执法中的层次性控制智慧。监察御史等职位不仅负责弹劾贪赃枉法的官吏，还负责审计国家财政收支，确保财政的清明。这是监察与审计的紧密结合。

5.《庆元条法事类》

宋朝《庆元条法事类》规定了财政会计法规，体现了财计立法的成熟与高效。三司使等负责对国家财政进行全面审计和监察，防止财政上的弊端。

6.《大明律》

《大明律集解附例》（以下简称《大明律》）更加注重立法条款在经济调整中的作用。明朝设立的都察院等机构负责对国家财政进行更为严格的监察和审计，以确保国家财政经济的健康稳定发展。

总体而言，在中国古代会计法律制度的演进中，牵制、审计及监察等法律制度的逐步融入和完善，为后世提供了丰富的经验和启示。

（二）社会主义市场经济体制法律制度体系

在社会主义市场经济体制构建阶段，深化改革的核心目标是构建以维护与保障产权为中心的法律制度体系。国家从顶层设计出发，建立完善的产权法律保护机制，并确保其依托于财务、会计、审计及经济监察规范。此举旨在构建一个完备的产权法律制度及相应的

---

① 本书中涉及的古籍名字及相关引文仍然保留"帐"字，其他内容统一使用"账"字。

财会体系，以满足现代市场经济的发展需求。自中华人民共和国成立以来，我国已经颁布了《中华人民共和国宪法》（以下简称《宪法》）、《中华人民共和国会计法》（以下简称《会计法》）等重要法律，这些法律不仅为产权保护提供了有力支撑，还为进一步完善社会主义市场经济体制法律制度体系奠定了坚实基础。

四、会计核算是一种连续、系统、全面的经济管理活动

会计核算这一会计系统的核心，承载着人类对经济活动的深刻理解。其演变过程，特别是记账方法和会计工具的进步，映射出社会对财务信息精确性需求的不断增长。

（一）古代记账法的演进——从单柱结算法到龙门账①

1. 从单柱结算法到四柱结算法

中国古代最初的会计核算方法，是通过单一的"柱"记录所有财务变动。随着时间的推移，二柱结算法在秦汉时期崭露头角，其以"入"和"出"为两大核心，简洁明了地反映了经济活动的本质。唐宋时期，三柱结算法应运而生，在二柱结算法的基础上加入"余"作为第三柱，构建"收、支、余"结构，使财务信息更为丰富和准确。

到了唐朝中后期，四柱结算法，即以"旧管""新收""开除""实在"为核心内容的结算法，在官厅会计核算中崭露头角。至宋朝，这一方法已普遍运用并日臻成熟。其公式"旧管＋新收－开除＝实在"不仅体现了会计核算的精巧，还使经济活动的结果一目了然。

2. 复式记账法的杰作——龙门账

据传，龙门账由明末清初的傅山所创。这种记账方法将全部账目划分为"进""缴""存""该"四个部分，并实行"有来必有去，来去必相等"的记账规则。"进"指全部收入，"缴"指全部支出，"存"指资产，"该"指负债和资本。如果"进－缴＝存－该"，则表明账目核算无误，称为"龙门相合"。龙门账的广泛应用，不仅代表着中国商业会计的发展进入新阶段，还代表了当时中国会计的顶尖水平。

3. 《数术记遗》与算盘——会计工具的传奇演变

会计工具在不断演进。中国最早用滚珠在盘上计算的记载，见于东汉徐岳的《数术记遗》。该书不仅推动了计算的精确性，还为会计方法的发展奠定了理论基础。宋、元时人们创造的乘除捷算法促进了筹算向珠算的演变。明朝程大位的《算法统宗》是明末以后影响最大的以珠算盘为计算工具的数学著作，书中的珠算术适应商业交换的需要，又由徽商带至全国，对珠算的普及起了极大作用。算盘这一被誉为"最古老的计算机"的神奇工具，在《清明上河图》中便有生动展现。算盘在中药行业的广泛应用，更是彰显了其在精

---

① 郭道扬．"会计"的足迹——从"龙门账"到"四脚账"［J］．新理财，2017（1）：94－95.

确计算中的不可替代性。

（二）会计核算——技艺与思维的融合之美

会计核算不仅是一项技术活动，还是一种高度系统化的思维艺术。在严格的会计组织制度下，它稳健地演绎着财务的韵律。从盘点流程到记账策略，再到账簿设计和会计工具的灵活应用，每一环节都闪耀着人类智慧的光芒。这幅由技艺与思维共同编织的和谐画卷，在法律制度的护航下更显庄重与严谨。它不仅为企业决策提供了有力支持，还是社会经济稳健发展的坚实基石。会计核算的演进与发展，无疑是人类文明进步的光辉见证。

五、会计职业道德是会计工作的重要基础

会计职业道德不仅深刻反映了会计思想在道德层面的要求，还是确保会计组织制度顺畅执行和会计核算精确无误的关键。它为会计从业者设定了清晰的行为规范，从而促进了会计行业积极、专业的形象建设。它还有利于保障会计信息的真实性和公正性。

诚信，无疑是会计职业道德的根基，它渗透于会计工作的每个细节。孔子曾言"会计当而已矣"，意在强调会计工作的平衡与真实，这一思想对后世影响深远。王安石在改革中也特别注重财政的透明与公开，他坚持官员在记账时必须恪守诚信，以保障国家财政的稳固。近代会计学家潘序伦（1893—1985）先生有言："立信，乃会计之本。没有信用，也就没有会计。"潘序伦先生将诚信理念深植于办刊、撰文、执业、教育及学术研究，率先垂范，开启会计诚信文化建设的新篇章。

总的来说，会计思想、会计组织制度、会计法律制度、会计核算和会计职业道德相互关联、相互促进，共同构建了一个全面而系统的会计工作框架，展现了会计系统的和谐与美感。从历史视角看，会计工作在国家管理中始终占据重要地位，这得益于其有序、连贯且功能多样的系统特性。同时，这一系统还能为相关利益方提供宝贵的财务信息，为决策制定和国家管理提供坚实支撑。会计工作的完整性、规范性、逻辑性和动态性，都使其成为国家管理中不可或缺的一环。

课后练习

1. 操作题

通过学习本节内容，在（　　）处填入合适的关键词，将下面的思维导图补充完整。

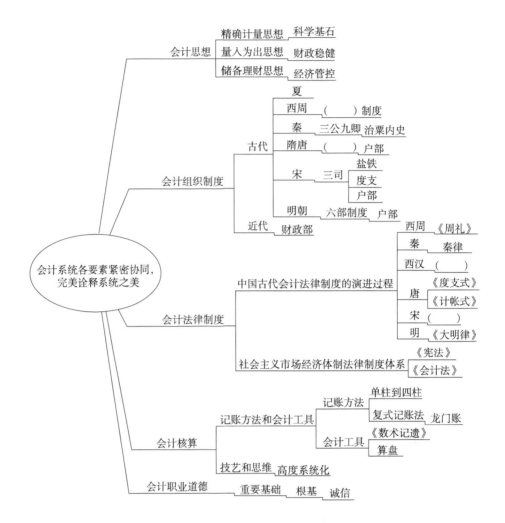

2. 思考题

会计系统中的核心要素（会计思想、会计组织制度、会计法律制度、会计核算、会计职业道德）是如何协同工作的？这种协同对会计信息的真实性和准确性有何影响？

第四节

国家治理的经纬，职业蓝图的核心

中国会计文化的发展历程宛如一幅绚烂的历史画卷，细腻地描绘了会计思想、会计组织制度、会计法律制度、会计核算及会计职业道德的演进与完善。这些要素相互交织，共同构建了一个精密且和谐的系统。纵观历史，会计在政治经济变迁中一直占据关键地位。无论是在国家治理、组织发展，还是个人职业规划，甚至国际贸易等方面，其重要性都无可替代。苏辙的诗句"粗知会计犹堪仕，贪就功名有底忙"深刻揭示了会计在古代仕途中的核心地位。

一、在国家治理方面，会计的作用至关重要

北宋时期，政府通过"市易法"调控市场、稳定物价，会计则精准记录货物的价格和资金流动情况，为政府决策提供数据支持，保障国家财政稳健。《清明上河图》便展现了这一时期的繁荣景象。

二、在组织发展方面，会计助力组织稳健发展

管理者依托会计分析，可以精准把握财务状况，为企业的战略决策、成本控制及风险评估提供坚实支撑。例如，在新项目投资中，会计分析可评估预期收益、成本及现金流，确保投资决策的科学性与资金的有效利用。再如，通过对比部门成本、收入及利润，管理者能清晰洞察各部门运营状态，为激励措施与改进方案提供数据基础。

三、在个人职业规划方面，历史上众多杰出人物精通会计

历史上众多杰出人物精通会计，例如，大禹在治水时精确核算物资，孔子强调会计工作的诚信原则，曾巩和苏轼（1037—1101）分别论述了开源节流和节约费用的重要性，而王安石则在变法中巧妙运用会计工作推动国家经济发展。在现代，"中国现代会计之父"潘序伦[①]引进西方会计理念，推动了中国会计制度现代化，为中国经济腾飞奠定了基础。数学家华罗庚的会计背景也显示了会计与多学科的交叉融合。

四、在国际贸易方面，会计是跨国商贸的共通语言

会计作为商业交流的共通语言，对跨国合作和国际贸易具有关键作用。会计通过一套严格的准则和原则，将组织的经济活动转化为标准化、可比较的财务信息。这种标准化使不同企业、行业乃至国家之间的财务数据具有可比性，为商业决策提供了共同的基础。在全球化的背景下，跨国合作和国际贸易要求会计信息能够跨越国界被理解和接受。标准化的会计信息促进了国际间的商业合作与投资，降低了跨境交易的成本和风险。

---

① 陆军. 潘序伦：中国现代会计之父［J］. 中国档案，2019（1）：84 – 85.

总之，会计在多个方面发挥着重要作用。会计从业者或即将成为会计从业者的人士应深刻认识到会计的重要性，不断提升专业素养和技能水平。在这个充满变革与挑战的时代，让我们共同努力，推动会计事业的持续发展！

课后练习

1. 操作题

通过学习本节内容，在（　　）处填入合适的关键词，将下面的思维导图补充完整。

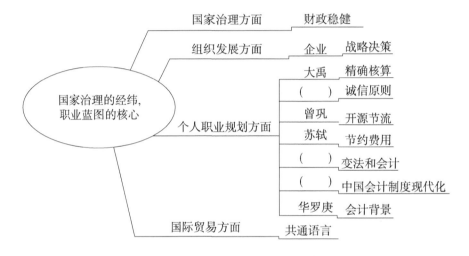

2. 思考题

会计系统在国家治理、组织发展、个人职业规划和国际贸易方面分别扮演了哪些关键角色？请举例说明。

文化链接

中国会计博物馆位于上海市松江区，是一家专题博物馆，侧重于会计文化的综合展示，其内容有以下方面。

"人"即对会计历史人物的展示。中国会计名人堂是中国会计博物馆的一个重要组成部分，以图、文、影、像、实物等形式多维度、全方位地介绍了自1900年以来在会计理论研究、会计实务、会计教育和公共服务领域做出杰出贡献的中国会计专家。

"物"即在抢救性地收集和整理会计历史文物、文献的同时，集中展现会计历史的真实。

"史"即会计历史的研究及展示。中国会计博物馆一方面展示悠久的会计历史文化，另一方面利用馆藏资料开展并促进会计历史研究，在会计史研究方面发挥了重要作用。

章节巩固

一、单项选择题

1. 下列（　　）不属于系统的特征。

A. 整体性　　　　　B. 关联性　　　　　C. 目的性　　　　　D. 静态性

2. （　　）不属于秦始皇的改革措施。

A. 废除井田制，推行阡陌制　　　　　B. 统一度量衡与文字

C. 实行科举制　　　　　D. 强化中央集权

3. 王莽的王田制旨在解决（　　）问题。

A. 土地兼并　　　　　B. 官员腐败　　　　　C. 货币贬值　　　　　D. 人口增长

4. 会计核算的核心原则是（　　）。

A. 精确计量　　　　　B. 节约开支　　　　　C. 随意记录　　　　　D. 增加收入

5. （　　）不属于会计职业道德的基本要求。

A. 诚信　　　　　B. 保密　　　　　C. 欺骗　　　　　D. 公正

二、多项选择题

1. 秦始皇改革对后世影响深远的方面有（　　）。

A. 土地制度革新　　　　　B. 统一度量衡与文字

C. 废除科举制　　　　　D. 强化中央集权

2. 王莽改革失败的原因可能包括（　　）。

A. 缺乏系统性思维　　　　　B. 频繁更改政策

C. 得到了广泛支持　　　　　D. 货币改革混乱

3. 会计组织制度在现代企业中的作用包括（　　）。

A. 确保会计工作有序进行　　　　　B. 提供精确的财务信息

C. 制定企业战略　　　　　D. 监督企业合规运营

4. 会计法律制度包括（　　）。

A.《中华人民共和国会计法》　　　　　B.《中华人民共和国公司法》

C.《中华人民共和国税法》　　　　　D.《上计律》

5. 会计职业道德的重要性体现在（　　）。

A. 保障会计信息的真实性　　　　　B. 提升企业信誉

C. 促进公平竞争　　　　　D. 确保会计组织制度顺畅执行

第 二 章

中国会计的起源

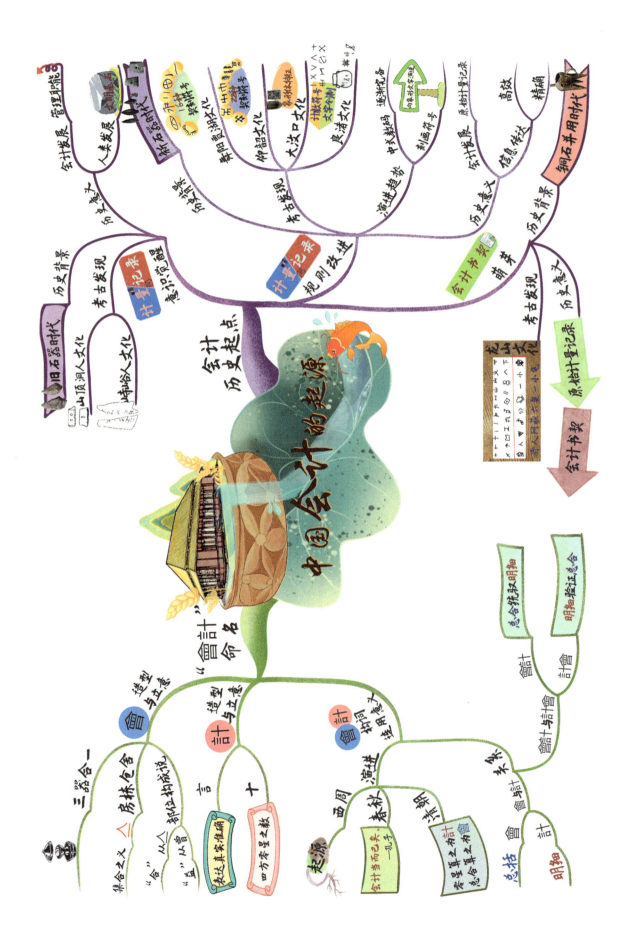

中国会计的起源

会计历史起点

会计发展
人类发展
新石器时代
河姆渡文化
仰韶文化
大汶口文化
良渚文化
计量记录
意识觉醒
历史背景
考古发现
演进趋势
中华数码
刻画符号
会计发展
信息传达
铜石并用时代
高效
精确
历史背景
考古发现
历史意义

管理职能

契数符号文化

语源阶系

出土陶器
契数符号
算筹符号

1个/10单位

旧石器时代
历史背景
考古发现
山顶洞人文化
峰峪人文化

计量记录
视觉
规则数理

会计书契
萌芽

历史背景
考古发现
原始计量记录
历史意义

老山文化

原始计量记录

会计书契

"會計"命名

造型与立意
會
計
造型与立意
計
抽词意义
適用意义
會

集合之义
"合"从合
"益"从皿
历代探究
部位构成说

言
表达算案准确
十
四方来呈之积

起源
西周
演进
春秋
会计者而会之
一孔子
朝清
零星算单之计
总合算单之会

演进
會计结會計
會计结會計

總合稀數以明細
明細稀證以總合

会計
计會

总括
明細

三足合一

学习目标

◀ **思政目标** ─────────────────────

1. 培养学生对中国会计起源的兴趣，鼓励学生探寻中华民族会计文化之源。

2. 引导学生加强对会计文化及历史文化的认知。

3. 增强学生的文化自信、专业自信，帮助学生树立传承和弘扬传统文化的责任感和使命感。

◀ **知识目标** ─────────────────────

1. 了解中国原始社会从计量记录意识觉醒到会计书契萌芽的演变过程。

2. 理解"會""計"字的造型立意及"會計"命名起源。

◀ **能力目标** ─────────────────────

1. 培养学生分析会计起源的能力，引导其运用批判性思维评价历史文化对现代会计的影响。

2. 增强学生跨学科学习能力，强化学生在职业道德和社会责任方面的认知，使其将文化传承与职业素养有机结合应用于会计学习实践。

3. 通过小组讨论、课堂展示等形式，培养学生的沟通、表达与团队协作能力。

会计文化导入

　　《史记·夏本纪》有载：自虞、夏时，贡赋备矣。或言禹会诸侯江南，计功而崩，因葬焉，命曰会（會）稽。会（會）稽者，会（會）计（計）也。

　　相传，大禹在晚年召集诸侯于江南涂山（今会稽山），进行了一场盛大的贡赋征纳考核活动，对诸侯功绩进行了公正评判。其间大禹突然离世，就地安葬，后此地被命名为"会稽山"。

　　这段传说揭示了会计不仅是技术或工具，还是植根于人类社会的历史与文化，承载着对公正、智慧和秩序的追求。探讨会计起源不仅是追溯学科历史，还是探寻人类文明足迹和文化传承，是培养具有深厚文化底蕴和高度社会责任感会计人才的重要途径。

第一节

会计历史起点

　　科学技术的进步和社会的发展，使"上九天揽月""朝碧海而暮苍梧"的浪漫想象成为现实。计算与记录工具不断精进，今日的互联网、大数据、云计算、人工智能等技术，重塑了会计行业面貌。我们今天的现代化追求，其深层源头可追溯至数万年前的先祖们。他们面对生存挑战时展现出的强烈生存愿望，正是今日复杂社会行为体系的起点。会计，这一在现代经济中扮演核心角色的学科，也发源于远古时代人们为求生存而进行的简单计量与记录。

一、旧石器时代的曙光：计量记录意识觉醒

　　在旧石器时代，人类在面对严酷的自然环境和不稳定的食物来源时，经历了从采集经济到筹划分配的演变。早期，人类完全依赖自然资源生存。随着智力的发展，部落主事人开始考虑如何增加食物储备和合理分配食物。进入旧石器时代晚期，人类神经系统、感知认识系统以及生理系统的进步，使语言与符号变抽象为具体。

（一）山顶洞人文化

　　遗址是揭示人类计量记录意识觉醒的重要证据。北京市房山区周口店山顶洞人遗址展现了一万多年前旧石器时代的风貌。考古学者在那里发现了四个骨管，可能是刻画记数的实物标本，如图 2 - 1 所示。

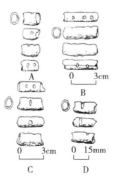

图 2 - 1　"山顶洞人"的刻符骨管①

---

　　①　吴文俊. 最早的数目观念 [J]. 语数外学习（高中版中旬），2021（9）：60 - 62.

这四个骨管上都有横向磨制的符号，形状多是圆点，有两个长圆形。其中有一个长圆形围着骨管半圈，展开成平面，就是个长条。骨管 A 上相对的两个侧面分别有一个圆点和两个圆点，共三个圆点；骨管 B 上相对的两个侧面，一面有三个圆点，另一面有两个圆点，共五个圆点；骨管 C 上，一面有两个圆点，一面有一个圆点，在另外一个面有一个长圆点，共四个点；骨管 D 只有一个长圆形符号。

从这些符号的排列方式可以初步推测山顶洞人对于数目的观念。他们用一个圆点表示一，两个圆点并列表示二，三个圆点并列表示三；把五个圆点排成两排，合起来是五个，是表示二加三等于五；一个长圆形可能表示"十"。如果把这些骨管都展开成平面，上面的符号排列就像图 2 - 2 那样，它们应分别代表"三""五""十三"和"十"，这是一种十进制思想。

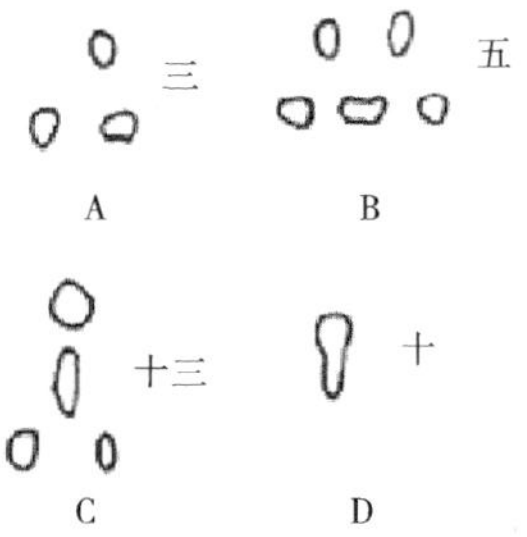

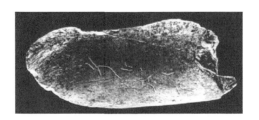

图 2 - 2   "山顶洞人"刻符骨管的展开图①

（二）山西峙峪人文化

山西朔县（现朔州市朔城区）峙峪人居住地出土的碎骨片数量大约有两万件。数百件骨片上有刻画的痕迹。骨片上的刻画纹大多数是直笔，数量多少不一，它们可能是最早的记数符号。其中有一件后端和一侧有打击痕迹的骨片，上面刻画着两组清晰的图像，如图 2 - 3 所示。

图 2 - 3   峙峪人在骨片上的刻画符号

图 2 - 3 中的刻画符号反映了当时峙峪人捕猎羚羊与鸵鸟的情形，其场面是关于当时

---

① 吴文俊. 最早的数目观念［J］. 语数外学习（高中版中旬），2021（9）：60 - 62.

峙峪人狩猎时的真实记录。关于这种符号记录是否属于峙峪人进行的绘图记事，著名英国考古学家戈登·柴尔德就类似的情形曾经这样说过，旧石器时代的雕刻与绘画，并不只是一种神秘的"艺术冲动"的表现，也不是专门为了寻求哪种乐趣，而是为了一个严肃的经济目的。峙峪人对行猎的真实记录，也可能与他们对收获猎物的记录具有相关性，猎取草原动物是峙峪人的重要生产活动，故这类经济记录的意义很明确：峙峪人也进入了原始计量记录时期。

中国旧石器时代晚期的智人创制了简单的计量记录符号来管理食品。这些符号对部落食物管理至关重要，尤其在冬季，它们帮助规划食品，确保供给，促进了种族繁衍和人类的生存发展。

在"会计"萌芽之初，会计管理职能开始凸显。人类借助计量记录手段，实现了资源管理的优化。这不仅彰显了人类智慧，也为后续文明的繁荣发展奠定了基石。

二、新石器时代的演进：计量记录规则的改进

在距今1万年前后的新石器时代，华夏大地上的人们已开始种植水稻、粟等农作物，使用石铲、石镰等石器工具进行生产，并建立了储存粮食的仓库。他们掌握了制陶技术，形成了"陶土文化"。在母系氏族公社末期，部落间出现了原始交换，贝币作为原始货币开始流通，推动了经济关系复杂化，进而促进了计量记录规则的改进。

中国史前"会计"的主要经历在新石器时代，起始于舞阳贾湖文化，经历了仰韶文化、大汶口文化、良渚文化等重要的发展阶段。新石器时代计量记录符号的演进过程如图2-4所示。

图2-4　新石器时代计量记录符号的演进过程

通过图2-4可以观察到两个显著的演进趋势：

• 中式的基本数码系统逐渐完备，并初步建立起一套计算规范，这在数量表达和计量上发挥了重要作用；

• 原始的刻画符号在持续发展和改进，并朝着象形文字的方向演进。

这些符号兼具指数与指事的功能。通过多种符号的串联和不断改进，信息的记录和传达变得更加精确和高效，最终推动中国由原始计量记录时代向更为复杂的"会计书契"时代转变。

三、铜石并用时代的新篇章："会计书契"萌芽

在距今 4000 年左右的铜石并用时代，中国传统的"五谷""六畜"已齐备，农业经济进一步发展。这个时期，龙山文化中的各项手工业达到史前最高水平，出现了公共下水道和水井设施。在此背景下，原始交换关系得到进一步发展，出现了定期交易和原地交易，交换媒介物也逐渐从牲畜、生产工具转变为玉器。人们越来越关注交换中的计量与计算。

龙山文化因首次发现于山东省历城县（现济南市章丘区）龙山镇城子崖而得名，其所处年代为公元前 2600—前 2000 年。在城子崖陶器上发现的刻画符号显示了原始计量记录规则与方法的演进，其中"齐人网获六鱼一小龟"的记录被视为中国史前会计规则与方法变革的重要历史证据，证实了原始计量记录朝着"会计书契"方向发展。这些刻写字符具有普遍性，许多原始象形文字因此得以保留，既展示了文字变革为政治经济服务的重要性，也揭示了中国史前刻记文字符号和原始计量记录的变革，还促成了"会计书契"的产生。

城子崖陶器上"齐人网获六鱼一小龟"这样的记录，已成为"会计书契"创制起步阶段的一个闪闪发光的灯塔式史证亮点。它充分展示出中国"书契时代"的创造性。

中国整个原始计量记录时代所奠定的"会计书契"之基，创造了中国会计发展的光辉历史起点。回望历史，正是那些为了生存而不断奋斗的"念头"，激发了会计思想的萌芽，并推动其不断发展、演进。从最初的刻画符号到今天的数字化系统，会计不仅记录着经济活动的点点滴滴，更见证着人类文明从原始向现代的跨越。

课后练习

1. 操作题

通过学习本节内容，在（　　　）处填入合适的关键词，将下面的思维导图（见下页）补充完整。

2. 思考题

原始计量记录时代对现代会计发展的影响与启示有哪些？

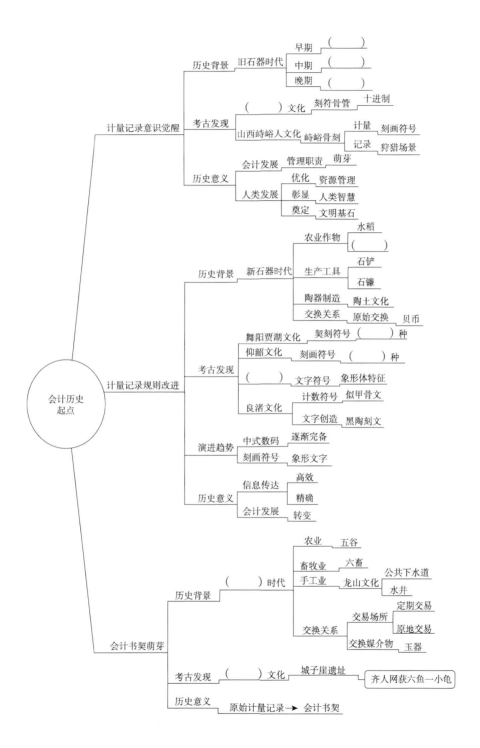

第二节

"會計"命名起源

会计的繁体字书写为"會計"，作为记录和管理经济活动的重要工具，其命名蕴含着深厚的历史背景。本节旨在追溯其起源，探索其发展历史，并分析其命名如何体现会计职能与社会认知的变化。

一、"會"字造型与立意

商朝便有了"會"（简化后为"会"）字的形体及其应用。① "會"在西周的器物铭文中多处可见。"會"字的形成在汉字中具有特殊性，从古至今对其的研究也形成了比较复杂的考证意见。归纳不同的认识，基本上有三种观点。

（一）"三器合一"说

"會"字的本义是一种蒸食器，即上有盖子、下有器皿，中间有箅子的炊具。这一本义直接体现在其甲骨文字形上。

（二）"房栋仓舍"说

"亼"是用三根木头组合起来的房舍结构。作为文字，三画相合为之亼，引申而有集合之意②。

（三）"會"字部位构成说

许慎认为，"會，合也。从亼，从曾省。曾，益也。凡會之属皆从會。"③ 即"會"字由两种形体结合而成，其上部为"亼"之形体，下部为"曾"之形体。在这里，"曾"表示"益"的意思，"會"字则既可以表示后继有人之"益"，意味着人丁兴旺、事业有继承之人；也可以表示财产增加之"益"，寓意着财源广进、家产俱增。不过，许慎此言主要是解释了带有聚会、集会之意的"會"字。

---

① 郭沫若. 殷契粹编［M］. 北京：科学出版社，1965.
② 贾文. 说"亼"和"入"［J］. 殷都学刊，1993（3）.
③ 许慎. 说文解字（卷十）［M］. 汤可敬，译注. 北京：中华书局，2023.

中国的汉字构造独具特色，将字形、字音与字义巧妙地融为一体，展现了科学性与艺术性的和谐统一。

二、"計"字造型与立意

"計"（简化后为"计"）字的构成包括"言"与"十"。

"言"字在甲骨文中由舌的形体演变而来，其象形字体表现为人舌与口部的结合，象征着语音表达。甲骨文"舌"字如图2－5所示。在中国语音文字未产生前，人们通过手势交流。随着分音节语言的产生，人们开始用语言表达思想和事物，如猎人向部落主事人报告猎物数目。象形文字产生后，刻写记录成为可能。无论是表形、表意还是表音文字，都是语言信息的书面符号。

图2－5 甲骨文"舌"字

"言"字的另一层立意在于表达的真实性与正确性。当猎人向部落主事人报告各种猎物的数目时，在原则上必须是真实的、正确的，部落主事人要依据收获猎物的数目进行分配与储备，以保证本部落的生产与生活。坚持用真实、正确的语言来表达部落收入与支出方面的信息，既是人们必须共同遵守的准则，也是人们为生存而奋斗必须坚守的道德准则。

"十"具有把四方零星之数加计起来计算之意。《说文解字》："十，数之具也，一为东西，丨为南北，则四方中央备矣。"① 早在旧石器时代晚期，人们谋求原始自然经济的发展以保证生存，从狩猎中就已学会以部落中央来辨别回归方位。在已发现的甲骨文中有"东""南""西""北""中"等字形体的存在。

三、"會"与"計"构词连用意义研究

在西周时期，"會計"连用并成为一个科学的概念。春秋时孔子讲的"会计当而已矣"，是对"會計"的概念与当时会计工作本质的认识。清朝焦循（1763—1820）称："會，大计也。然则，零星算之为计，总合算之为会。"这种对"會"与"計"用意的分辨，符合自西周以来人们对"會計"概念认识所达成的共识。

---

① 许慎. 说文解字（卷五）[M]. 汤可敬，译注. 北京：中华书局，2023.

《周礼》中的"日成"、"月要"、"岁会"和"三年大计",都体现了零星计算和总合计算的关系。简而言之,就是每十天的计算是总合的,而每天的计算就是零星的;每个月的计算是总合的,每十天的计算就是零星的。同样地,每年的计算和每个月的计算,以及三年大计和每年的计算之间,也都是这种总合与零星的关系。

"會計"中的"會"与"計"存在总括与明细的关系,体现了"算为管用"的精神,将"管"与"算"统一起来,这是其科学性所在。史书上"會計"与"計會"的表述反映了不同认识:前者认为"會計"以总合统驭明细,总合控制是关键,明细计算是基础;后者认为"計會"由明细到总合,用明细验证总合,以达到管理目的。

"會計"概念的形成奠定了中国会计原理的基础,其对中国乃至世界会计发展史都具有里程碑式的意义。

课后练习

1. 操作题

通过学习本节内容,在( )处填入合适的关键词或语句,将下面的思维导图补充完整。

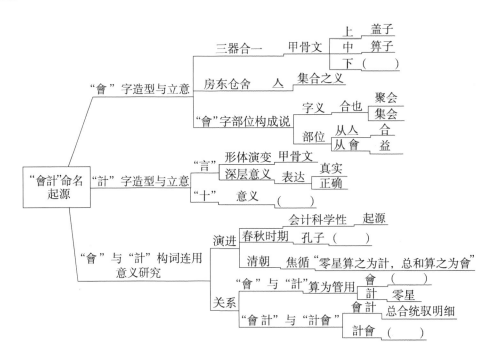

2. 思考题

"會計"命名起源与现在会计职能有何关联?

文化链接

中国会计史文博馆（见图2-6）是国内首家会计史专业博物馆，于2024年6月16日正式开馆，定位为全球首家以权威会计史研究和文献信息整理收藏为目标的专业博物馆和文献信息中心。

图2-6　中国会计史文博馆

该馆由中南财经政法大学主导建设，填补了我国会计史文博馆的空白，对会计史研究与传播具有重要意义。该馆系统展示中国会计历史的发展脉络，包括会计的起源、农业社会中的会计、商业社会中的会计、近代工业化与会计变革，以及中国近现代会计的发展五大展区。馆内展品丰富，包括古代计量记录工具、账簿、会计报表等，以及具有典型意义的会计文物文献。

中国会计史文博馆不仅是一个展示场所，还是一个集研究、教育、交流于一体的综合性平台，对于推动我国会计与会计史文化走向世界、促进世界会计史文化的交流互鉴具有重要贡献。

章节巩固

一、单项选择题

1. 中国史前"会计"主要经历的发展阶段不包括（　　　）。

A. 仰韶文化　　　　B. 良渚文化　　　　C. 秦汉文化　　　　D. 龙山文化

2. "齐人网获六鱼一小龟"的记录证实了（　　　）。

A. 原始计量记录的普及　　　　　　　　B. 原始文字的发明

C. 原始交换关系的发展　　　　　　　　D. 原始会计书契的产生

3. "會"字的形成具有特殊性，以下（　　）不是关于"會"字形成的观点。

A. "三器合一"说　　　　　　　　　　B. "房栋仓舍"说

C. 會字部位构成说　　　　　　　　　　D. "语音演变"说

4. "計"字中的"言"部分（　　　）。

A. 由手势演变而来　　　　　　　　　　B. 由舌的形体演变而来

C. 由数字符号演变而来　　　　　　　　D. 由图画演变而来

5. "會計"连用并成为一个科学的概念是在（　　）。

A. 商朝　　　　　　B. 西周时期　　　　C. 春秋时期　　　　D. 战国时期

二、多项选择题

1. 从山顶洞人刻符骨管上的符号排列方式，可以推测出他们具有（　　）观念。

A. 对数目的认识　　　　　　　　　　　B. 抽象思维能力

C. 复杂的语法结构　　　　　　　　　　D. 十进制思想

2. 在会计历史起点阶段，（　　）推动了计量记录意识的觉醒。

A. 严酷的自然环境　　　　　　　　　　B. 不稳定的食物来源

C. 智力的发展　　　　　　　　　　　　D. 神经系统和感知认识系统的进步

3. 在新石器时代，原始计量记录规则与方法的显著演进趋势表现在（　　）。

A. 中式的基本数码系统逐渐完备

B. 刻画符号逐渐朝着象形文字的方向演进

C. 开始使用计量记录单位

D. 交换媒介物从牲畜转变为玉器

4. （　　）是关于"會計"与"計會"表述的不同认识。

A. "會計"以总合统驭明细，总合控制是关键

B. "會計"与"計會"只是表述不同，意义相同

C. "計會"由零星到总合，用明细验证总合

D. "會計"强调明细计算是基础，"計會"强调总合计算是关键

E. 两者都体现了会计的科学性与管理性

第 三 章

理财思想与原则

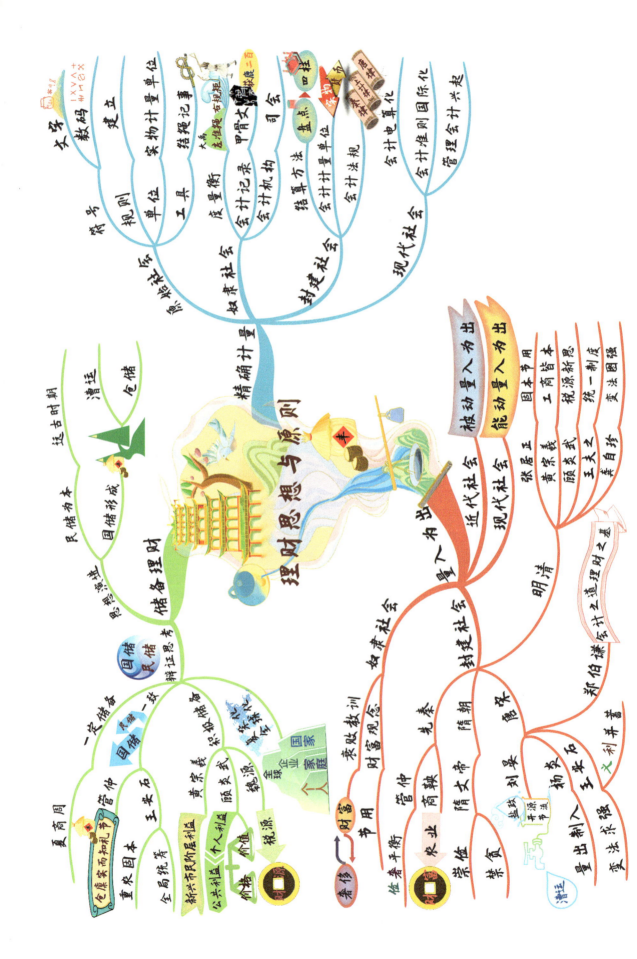

学习目标

◀ **思政目标** —————————————————————————

1. 培养学生的跨学科思维，使之理解会计与历史、经济、政治等领域的关联，提升综合素养。

2. 使学生认识到会计思想是不断发展和创新的，加强学生的适应能力。

◀ **知识目标** —————————————————————————

掌握会计历史的发展脉络，理解精确计量、量入为出和储备理财思想的起源、演变和应用。

◀ **能力目标** —————————————————————————

培养学生对会计历史、思想和实践的分析能力。

会计文化导入

　　孔子是春秋时期儒家学派的奠基者，其思想体系在理财领域也影响深远。因早年家境贫寒，孔子的第一份工作是管理季氏家族的仓库，任经办会计。随着仕途升迁，孔子历任中都宰、司空等职，对国家财政经济体系有了深入的理解。

　　孔子明确反对无度的财富聚敛，认为这会导致民心离散、社会动荡。他提出"财聚则民散，财散则民聚"，强调财富的公正分配对于国家长治久安的重要性。为此，他主张实施"均平"赋税、"薄赋敛"及"仁政"，旨在通过减轻民众负担、促进财富的合理流动，实现国家的繁荣与人民的幸福。

　　在个人修养层面，孔子崇尚节俭。他提倡要像颜回那样"一箪食，一瓢饮，在陋巷"，过简朴而充实的生活。他认为节俭是超越物质追求、丰富精神世界的体现。

　　孔子认为财源积储源于生产，支出有度则积储丰盈。他精准把握"收、支、余"的经济规律，强调财富增长与合理使用并重，物质享受与精神追求并行不悖。其理财智慧穿越时空，为后世留下宝贵启示。

第一节

精确计量原则

　　"理财"源于中国古代财政管理，异于近代"财务"一词，其核心聚焦于财政事务，根基则在于计政。通常把财计官员完成财政收支平衡并略有结余的这个管算过程称为"理财"。因此，理财的初始含义指对财政收支进行核算与管理的综合过程。

　　会计历史是一部在精确计量原则指导下，坚持精确核算与精益管理相结合的发展史。人类早在会计起源时便信守这一核心原则，它指引着会计实践从原始社会、奴隶社会、封建社会到近现代的发展，确保了经济活动的精确核算与精益管理。这一原则既有其产生的理由，也经历了逐步深入的实践过程。在不同历史阶段，精确计量的目的各有侧重，但始终围绕着促进经济发展、维护经济秩序、提高经济效率等目标展开。

一、原始社会

（一）精确计量的目的

　　进入新石器时代后，人类社会以构建一个安居的农业社会为目标，积极驱动着生产力与生产关系的变革与持续进步。在此背景下，会计方法作为经济管理的基础工具，严格遵循精确计量的基本原则，确保经济活动的记录、核算与管理科学、准确。

（二）发展实践

新石器时代和铜石并用时代的社会发展，为会计精确计量原则的产生与发展奠定了基础。

1. 计量记录符号演进

计量记录符号的不断改进，实现了由符号向文字创造使用的过渡，乃至促进了文字与数码的配合计量记录关系的形成，进而在演进中走向以基本数码应用为支撑的对计量记录事项用原始文字的表述。

2. 计量记录规则

这个时期产生了简单而明了的计量记录规则，并逐步规范了对计量记录方法的改进和应用。随着生产活动的复杂化，人们逐渐意识到精确计量的重要性。龙山文化中"齐人网获六鱼一小龟"这则记录，展现了原始记录计量时代的重要进步。

　　精确的计量记录不仅有助于合理分配资源，还能提高生产效率，促进社会发展。因此，计量记录规则的建立成为推动精确计量的关键一步。

3. 会计计量单位

在原始社会，计量单位以实物为主。人们以自身所需或所能生产的物品（如谷物等）为计量标准，进行简单的经济交易和记录。这是在会计事项计量记录表现方法上的进步。

4. 计算工具

在结绳记事应用中，人们不仅意识到计算（对数目的处理和运算）的重要性，还认识到使用特定工具（绳子）来辅助计算的必要性。这说明人类在精确记录方面和计量经济活动中迈出了重要一步。

二、奴隶社会

原始社会末期，金属生产工具的使用极大地提升了生产力，推动了农耕、畜牧业与手工业的全面进步，促进了联合聚落组织形态的发展。同时，社会权力结构逐渐以宗邑或村邑为中心，财富占有关系发生分化，家庭结构变革，父权制取代母权制，家庭成为基本经济单元。在大型联合聚落中，经济关系与军事同盟逐渐稳定，初始形态的城市开始兴起，文明社会及国家开始产生。夏朝贡赋征纳制度的产生促使会计史上最早"财计"概念的形成，为夏商时期的会计体系奠定了基础。

（一）精确计量的目的

精确计量成为国家财政管理的重要手段，用于确保税收、财政支出等经济活动的精确性。

（二）发展实践

1. 度量衡制度的建立

《史记·夏本纪》记载，大禹"左准绳，右规矩"，描述的是大禹在治水过程中，左手持"准绳"以测定平直，右手执"规矩"以划定方圆，体现了大禹治水时的方法科学和态度严谨。

"准绳"和"规矩"在这里不仅指具体的测量工具，还象征着精确计量和统一标准的重要性。大禹通过运用这些工具，确保了治水工程的精确性和规范性，从而成功治理了洪水灾害。商周时期出现的度量衡器制和计量年月日的历法，为经济活动提供了统一的计量标准。

2. 会计记录简化

在商朝，人们在追求记事内容完整的前提下，力求内容简化，此时会计记录开始摆脱随意性，采用一定的记数方法和记录符号。图3-1和图3-2为甲骨文中的会计记录，分别表示"获鹿二百""获鹿一，获狐三。"

图3-1 《铁云藏龟之余》拓片　　　　图3-2 《甲骨文合集》
（三七四二七）拓片

狩猎取得的成果与"获"字具有很大的相关性，故在这类记录表述上人们容易取得一致，记录者已形成一种共识。在追求记事内容完整性的前提下，初步注意对记事内容的简化。

3. 专门会计机构设置

《周礼》通过官制体系来表达治国思想，强调礼治、德治和法治的结合。《周礼》的成书年代存在多种说法。古文经学家认为是周公所作，今文经学家认为出于战国时期，也有人认为是西汉末年刘歆所伪造。今人据周秦铜器铭文所载官制等，将其定为战国时期的作品。其所记内容基本上能反映西周的政治经济情况，或西周封建政权的若干规划。

《周礼》中所述的"司会"官职，为周王朝的计官之长，掌控会计组织系统，负责国家财政的收支核算与管理。

三、封建社会

一般认为，中国的封建社会从春秋战国之交开始，到1840年鸦片战争结束。在这个阶段，土地私有制逐渐取代商周时期的土地国有制，地主阶级和农民阶级的矛盾日益尖锐。随着社会经济的发展，封建社会的政治、文化和社会结构也在不断演变。

（一）精确计量的目的

在封建社会中，精确计量的目的不仅在于经济层面，还涉及政治和社会层面。在经济层面，随着封建社会经济活动的日益复杂，精确计量成为推动商品流通和市场发展的重要工具，有助于规范市场秩序，提高交易效率，进而促进经济增长，还有助于政府制定合理的税收政策，确保财政收入的稳定增长。在政治层面，精确计量成为当时指导赋税征收的重要原则，使中央政府能够对地方财政进行更为有效的控制，加强中央集权，维护封建王朝的统治，防止地方势力过大而威胁中央政权。在社会层面，精确计量有助于维护社会公平和正义，通过准确的会计记录和核算，可以防止官员贪污腐败，维持社会稳定。

（二）发展实践

1. 结算方法演进

中国古代会计结算制度历经从"盘点结算法"、"三柱结算法"至"四柱结算法"的演变。"四柱"起源于秦汉时期，其平衡原理及等式的建立发生在封建经济繁荣的唐宋时期，并直接影响明清两代会计变革，催生了中国特有的复式簿记的平衡原理。"四柱结算法"始终坚守精确计量与核算原则，促进了结算标准化与科学平衡关系的建立，成为中式会计方法体系科学化的支点，其在历史演进中的成就与支撑作用，成为世界会计发展史上重要的里程碑。

2. 会计计量单位演进

中国古代会计计量单位的演进与精确计量的要求紧密相连。商朝已出现货币计量单位"朋"，随后战国时期铜币与黄金的多样应用，推动了计量单位的发展。秦汉至唐宋时期，实物与货币计量单位兼用。北宋纸币"交子"的应用，使中国成为世界上最早使用纸币作为计量单位的国家。至明朝，实物计量单位已达到标准化程度，货币计量单位也以白银两制为基础，细分至十级。封建经济发展对会计计量单位精确程度与正确核算的要求越来越高，并集中体现在货币作为统一计量单位的发展趋势上。

3. 会计法规制定

为了规范会计行为，确保经济活动的精确，历代封建王朝制定了相应的会计法规。秦律中确立了中国法典式会计制度，为精确计量提供了法律基础和标准；西汉《上计律》进一步规范了会计的计量方法、报告；唐律中财计法律制度的专门化与系统化，使财政和会计的管理更加精细严谨。

四、现代社会

（一）精确计量的目的

1. 发挥会计职能

《中华人民共和国会计法》将会计的基本职能进一步明确为会计核算和会计监督。会计核算和会计监督两项职能关系十分密切，两者是相辅相成的。精确计量是会计核算的基础和核心，只有经过精确的核算，会计监督才有真实可靠的依据。会计监督则是核算的延续和深化，如果只有核算而不进行监督，就不能发挥会计应有的作用，精确计量是实现会计监督的重要手段，只有通过严格的监督，核算所提供的数据资料才能在经济管理中发挥更大的作用。

2. 提高经济效率

随着工业化、信息化的发展，精确计量成为提高经济效率、降低成本的关键因素。通过精确计量，企业可以更有效地管理资源，优化生产流程，减少浪费，从而提升整体经济效率。

3. 支持经济决策

精确计量提供的准确数据是经济决策的基础，有助于企业和政府根据准确、可靠的财务信息，做出更加明智、有针对性的经济决策。

（二）发展实践

1. 会计电算化

利用电子计算机技术进行会计处理，实现了会计信息的自动化处理和实时更新，提高了会计工作的效率和准确性。

2. 会计准则国际化

随着全球经济一体化的加深，各国会计准则逐渐趋同，国际会计准则（IAS）和国际财务报告准则（IFRS）成为全球通用的会计标准，这促进了跨国经济活动的精确计量和核算。

3. 管理会计的兴起

管理会计通过运用精确计量思想和方法，对企业内部的经济活动进行规划、控制和评价，为企业内部管理和决策提供有力支持。

精确计量思想在会计历史中经历了从简单到复杂、从粗糙到精确的发展过程。"会计"一产生，人们从它的源头上便认识到追求精确计量与保障人类的生存及发展密切相关，进而认识到精确计量是影响会计学建立与发展的一个重大原则。在不同历史阶段，精确计量的目的各有侧重，但始终围绕着促进经济发展、维护经济秩序、提高经济效率等核心目标展开。随着科学技术的进步和社会经济的发展，精确计量的方法和手段也在不断完善。

课后练习

1. 操作题

通过学习本节课程内容，在（　　）处填入合适的关键词，将下面的思维导图补充完整。

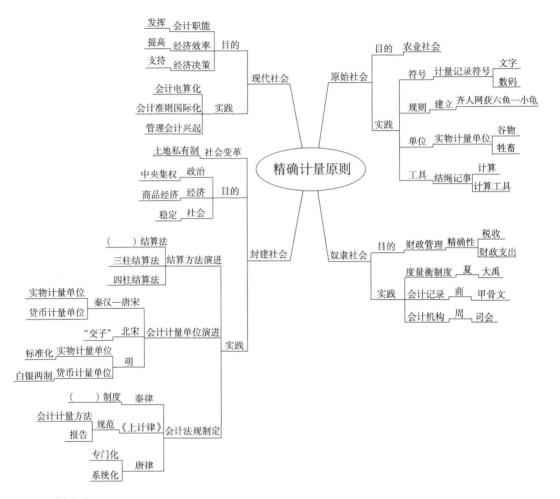

2. 思考题

结合古代会计的精确计量原则的发展历史，试分析现代会计专业应如何借鉴并融合传统智慧，以进一步提升现代会计的精确性和效率。

第二节

量入为出思想

量入为出思想强调在财政收入的基础上合理安排支出，注重开源与节流。在开源方面，古代社会经历了从重农抑商到农商并重的转变。战国时期实行重农抑商政策，但到了宋朝，随着商品经济的发展，政府开始重视商业税收，如市舶司的设置就是为了对海外贸易的税收进行管理。此外，汉代的盐铁官营、唐代的均田制也是开源思想的体现。在节流方面，古代理财思想倡导崇俭、节用、反奢、禁贪。孔子等先贤提倡节俭，认为节俭是理财的重要原则；《论语·学而》中的"节用而爱人"强调节约开支的重要性；《左传》中的"俭，德之共也；侈，恶之大也"则明确反对奢侈浪费。历史上不乏因贪污腐败导致国家财政崩溃的教训，隋文帝时期（581—604）、雍正时期（1723—1735）都大力整顿吏治，严禁贪污，禁贪也是量入为出思想的重要组成部分。

一、奴隶社会——"量入为出"思想的历史渊源

夏桀与商纣的灭亡均提供了奢侈腐败导致国家衰败的深刻教训。《史记·夏本纪》中记载，"桀不务德而武伤百姓，百姓弗堪"。夏桀暴虐失道，横征暴敛，诸侯叛之，民怨沸腾。商汤顺天应人，起兵伐桀，终致夏亡。《史记·殷本纪》描述了纣王的极端奢侈行为，如"厚赋税以实鹿台之钱"。

正如马克思所说，财富是奢侈的原因，但奢侈对财富有损害作用。最终，奢侈行为会损害社会、国家，并危及自身，夏桀亡于商汤与殷纣亡于周，均验证了这一历史教训。

西周，人们侧重于以物易物或直接使用物品作为财富的象征。随后，金属货币的出现标志着财富观念发生了重大的转变，人们开始用货币来衡量财富的多少。这种财富观念的转变也影响了官厅（政府或官方机构）的财计职能。官厅的财计职能不再是管理和分配实物财富，而是把握和管理有限的货币财用来源。这意味着官厅需要更加精细地计算和规划财政收支，以确保有限的财用能够得到合理的利用。

《周礼》中提到的"司会"（西周官厅计官之长，掌控会计组织系统）和"司书"（西周官厅会计总管）职务，负责执行"量入为出"的财政原则，全面考核邦国财政收支。

在自然经济下，国家的财政收入主要来源于农业税收和其他有限的资源，由于财政收入的限制和财政稳定的需要，"量入为出"原则的提出与应用成为一种必然的选择。

二、封建社会——"量入为出"思想深化

自战国时期起，中国历经了长达两千三百多年的封建社会。封建政治经济制度的更迭展现出一种循环性：一个朝代由兴盛走向衰落，最终往往因财政经济的崩溃而灭亡，随后新的朝代兴起。这一循环模式一直持续到1840年鸦片战争。一个封建王朝的覆灭和另一个封建王朝的兴起，实质上是同一政治体系的反复和同一经济结构的再生，封建制度本身并未发生根本性的变革。

在封建王朝更迭中，理财家扮演着重要的角色。每当朝代走向衰落，往往出现"天下未乱计先乱"的现象，财政经济的崩溃成为朝代灭亡的先兆。开明君王、名臣、名家会对国家的财政状况进行深入剖析和整顿，通过改革税制、削减冗员、节约开支等一系列有效措施，遏制财政的进一步恶化，并为国家筹集必要的资金。这些资金被用于加强国防、改

善民生、发展经济等多个方面，从而为国家注入新的活力，甚至使国家迎来新的复兴。他们的理财思想对后世产生了深远的影响。

（一）春秋战国时期

春秋战国时期，社会动荡，王权衰微，诸侯割据，战争连年。奴隶制经济解体，各国封建经济处于建立之中，华夏民族大融合，国家财政经济出现新变化。政治经济环境的转变，促成了"百家争鸣"的局面，并涌现出诸多在理财方面有建树的名家，春秋时期管仲（？—前645）、战国时期商鞅（约前390—前338）位列其中。

1. 俭与奢的平衡智慧——管仲

管仲，名夷吾，字仲，是春秋时期齐国的著名政治家，其理财思想在后世托名所作的《管子》一书中有所体现。他成功辅佐齐桓公成为春秋时期的第一位霸主。管仲在理财、富国、安民方面取得的历史功绩，使他成为有史以来文献记载中最早的理财家。梁启超曾将管仲列为"中国六大政治家"之一，而中国理财史的研究者更将其誉为"中国八大理财家"之首。

《管子》一书反映了管仲的理财思想。该书一方面强调节俭的重要性，认为节俭是明君的首要任务，节俭可以带来福祉，避免灾祸，国家奢侈会导致费用增加、民众贫困、奸邪滋生，危及国家安稳；另一方面提倡在特殊情况下合理消费，认为过于节俭会伤害事业，而奢侈过度则会造成财物匮乏。

《管子·乘马》记载，"货尽而后知不足，是不知量也；事已而后知货之有余，是不知节也。不知量，不知节，不可。为之有道。"这是在强调运用会计的方法把握财物的数量，进行准确的"计数"，以便清晰地了解财物的状况，这样才能主动调节财物的需求，处理好节俭与侈靡之间的关系，确保经济的正常运行。

管仲提出"不知计数不可"的理财主张。《管子·七法》有"不明于计数，而欲举大事，犹无舟楫而欲经于水险也。"的表述，即不精通计数，却想要成就大事，就如同没有船只却想渡过危险的水域，这是非常危险且不切实际的。这句话直接指出了"计数"对于国家治理的重要性。

管仲重视法律法规、规章制度在会计管理中的作用，提出"明法审数"的主张。这里的"法"指法令，"数"指政策、策略和方法。"明法"强调国家需制定明确的法令，要求所有个体，包括国家官员和会计人员，都必须了解、遵守法令。"审数"则指要审定并完善会计工作方法策略，同时审查其执行情况。

管仲的理财思想使齐国在春秋时期强盛一时，为后世的经济管理和发展提供了重要的参考和借鉴。

2. 农与财的法治之道——商鞅

战国时期商鞅变法使秦国在政治、经济、军事和社会等各个方面都取得了显著的进步和变化。这些改革为秦国后来的统一六国奠定了基础，使秦国成为当时中国的强国。

商鞅传承了战国时期法家依法理财与注重精确计量的思想，并进一步将其应用到农业政策上。他认为农业是经济的基础，是获得财富的基本源泉，这一观点在当时的社会背景下具有深远的意义。商鞅主张以"粟"作为衡量财富的标准，强调农业在国家经济中的重要性。

《商君书》中提出的"民不逃粟，野无荒草，则国富"以及"农则易勤，勤则富"等观点，都体现了商鞅对农业生产的重视。他认为，只有农民勤于耕作，国家才能富裕。同时，商鞅还从立国的角度出发，提出"为国之数，务在垦草"，即国家的经济政策应该立足于农业发展，通过精打细算，达到富国、强国的目的。

此外，商鞅意识到国家财政收入的局限性，即其主要来源于农业收入。因此，他主张国家财政政策必须立足于节用、厉行节俭。这种节俭、节用的思想并不是简单地减少开支，而是在发展农业的前提下，合理、有效地利用国家资源，以实现国家的长期稳定和繁荣。

商鞅的理财思想是以发展农业为前提的节俭、节用思想。他通过一系列的政策和措施，鼓励农民勤于耕作，提高农业生产效率，从而增加国家的财政收入。

（二）隋唐时期

隋文帝结束了南北朝长期分裂的局面，结束了长达三四百年的战乱时代。他推行改革，促使国家财政经济储备达到前所未有的水平，但也带来了一些新的弊端。这些财政经济发展的正反两面变化，反映在节俭理财方面，使新时期的理财家们对节俭理财的认识随着政治经济环境的变化而上升到一个新的高度。

1. 崇俭禁贪的治国之道——隋文帝

隋文帝杨坚（541—604）深刻认识到魏晋南北朝时期贪腐奢侈的危害，采用节俭与禁贪并重的方针治理朝政。他以身作则，躬行俭约，衣着朴素，所用之物即使有损亦修补再用，饮食通常只有一道肉菜，对浪费行为严加责备。他坚持反奢的原则，对建造奢华的宫室和奢侈的生活方式加以指责，并废除了一些不必要的开支习俗，如正月十五龙灯节。

杨坚认为崇俭必须禁贪，因此以重刑处理贪污案件，同时褒奖勤俭理事、政绩优良的官员。他爱护百姓，劝课农桑，轻徭薄赋，对官吏和百姓态度公正。他还从精兵简政着手，清除冗官、冗兵，把府兵制与均田制结合起来，达到了寓兵于农、兵农合一的改革目标，从而减少了军费开支这个大项目。

大臣高颎（？—607）协助隋文帝实施节俭理财政策，高颎主持"大索貌阅"（大索即清点户口，并登记姓名、出生年月和相貌。貌阅即将百姓与户籍上描述的外貌一一核对。类似于现代的身份证验证，但在古代没有照相技术的情况下，只能逐个验明正身），推行输籍法，清理户籍不实现象。他首次主持检籍工作，便取得了显著成效，清理了"计帐进四十四万三千丁，新附一百六十四万一千五百口"，即新增登记了大量之前隐匿的人口。在户籍计账清理考核过程中，他创新性地采用了开源法，这一方法对后续的户籍计账制度改革产生了深远的影响。中国历史上第一部体例完备的政书《通典》对此评价称"隋代之盛,实由于斯"。

隋文帝在节俭理财、反贪防腐以及裁冗方面的做法与成效,对唐朝产生了直接影响。他转变了传统上依赖被动节约的理财方式,进入了一个更加注重能动理财的历史阶段,即积极主动地管理财政,通过优化资源配置和提高财政效率等手段来实现财政的健康和可持续发展。

隋炀帝即位后纵情声色,穷奢极欲,导致隋朝迅速灭亡,这一惨痛教训为唐朝开国者所正视。唐朝步入正轨后,农业与工商经济蓬勃发展,国家财政收入逐年增长,财政结构与规模发生空前变化,财政收支复杂化程度提升。这使当权者理财制用思想发生转折,并催生了一代理财家的新兴,其中就包括理财救国的刘晏(718—780)和突破传统的杨炎(727—781)。

2. 开源与节流思想——刘晏

刘晏,曹州南华(今山东荷泽)人,是唐朝著名的理财家。他受命于李唐中期以后的财政危难之时,这一时期唐玄宗由"开元之治"的图强阶段转向沉迷于逸乐阶段,外政不理,内政不修,农业经济遭受了严重破坏。这一系列问题引发了从天宝十四年(755年)开始的安史之乱。战乱期间,人户大量流失,田土荒芜,百业衰败,国家财政收入与储蓄近于枯竭,唐朝的态势因此急转直下,岌岌可危。唐肃宗至德二年(757年),拜刘晏为度支郎中,兼侍御史,领江淮租庸事。自此,刘晏开始了以理财救国的生涯。

刘晏的理财改革,无论是漕运、盐政,还是常平法,都贯穿了开源节流与精细管理的核心理念。他通过一系列创新性的经济机制,不仅有效增加了国家财政收入,还极大地减轻了百姓负担,实现了"民不加赋,而国丰饶"的目标。

刘晏广开财政收入源流,制止浪费,使国家财政转危为安。他理财以爱民为先,重农桑、薄敛而坚持节俭。他的理财方法因事而异、依情而定,既开辟财政源流又注重费用节制。

刘晏洁身自好,以俭养廉,处事果断勤奋,在选择手下时,以廉洁勤奋作为基本标准。刘晏一生虽然没有留下任何著述,但他在理财方面的特殊贡献被史家公认,宋代著名学者司马光(1019—1086)、苏轼、苏辙等对其推崇备至,认为他"通拥滞,任才能,富其国而不劳于民,俭于家而利于众",并将其誉为"管(仲)、萧(何)之亚"。

3. "量出制入"思想——杨炎

杨炎,字公南,凤翔府天兴县(今陕西省宝鸡市凤翔区)人,是唐代著名的宰相,同时也是"两税法"的倡议者和推行者。

杨炎一反传统,提出了"量出制入"的财政原则,这是他在财政思想上的创新与突破。

杨炎在两税法中提出以货币作为统一标准来确定两税的税额，这一创新举措为核算应征总额和制定会计年度额定收入提供了明确且可靠的依据。通过货币这一统一量度，使税收的计量更加精确和公平，为国家的财政管理奠定了坚实的基础。

两税法的执行是建立在财政经费预算之上的，这体现了杨炎财政管理思想的先进性。在制定两税法时，他既考虑了综合财政经费的实际情况，又兼顾了国家实际支出需求，这种全面而细致的考量使两税法的执行更加符合国家的财政状况，也体现了预算思想的进步和发展。

在两税法的改革中，杨炎特别强调两税收入的重要性，认为这是改革的关键所在。他并非要取代或否定传统的"量入为出"的财政原则，而是在坚持这一原则的基础上进行了创新和发展。他通过优化税制、提高税收效率等使两税收入成为国家财政的重要支柱，为国家的经济发展和社会稳定提供了有力的保障。

唐朝的理财思想实现了由以往的被动节俭观向能动节俭观的显著转变。唐朝的能动节俭、节用观念直接将开源节流的原则落实到"量入为出"的财政执行层面，这反映出唐朝在财政管理上对"量入"与"为出"两大部分的统一协调和灵活管理，而非简单地机械执行或死搬硬套。

（三）两宋时期

宋朝建立后，社会步入稳定变革期，被视为远承汉唐、近启明清的重要转型时期，其经济、政治、思想、文化等方面均展现出与前代不同的风貌。

自北宋起，社会对商业态度渐变，南宋后，反对抑商的人渐多，形成"士、农、工、商"并重观念。同时，货币经济认识转变，人们认识到货币在商品交换中的媒介作用。两宋时期，江浙地区显著发展，成为全国繁荣富庶区域之一。商品经济兴起冲击封建社会，促使宋朝当权者及理财家革新经济认知，为明清资本主义经济萌芽奠定基础。

与此同时，伦理道德观念变化，士林学者崇尚节俭自律，反对侈靡，注重勤奋与责任。范仲淹（989—1052）、欧阳修（1007—1072）、岳飞（1103—1142）等刚正人物，以及王安石、苏轼、司马光（1019—1086）等文坛人士，共同构成宋政权稳固支柱。然而，宋朝存在侈靡腐败、党争激烈、科举异化、机构臃肿与军事负担重等问题，导致"三冗"现象，深刻影响宋代理财思想的转变。

1. 义利并蓄，变法求强——王安石

王安石，字介甫，号半山，抚州临川（今江西省抚州市）人，北宋时期著名的政治家、思想家、文学家。他既是"王安石变法"的推动者，也是中国历史上杰出的理财家之一。

王安石，作为唐宋八大家之一，不仅在文学上有着非凡成就，还在财政管理上展现出超前的智慧与胆识。面对北宋时期经济积贫积弱、财政"三冗"严重的困境，他提出了

"以义理财"的核心理念,这一观点直接挑战了传统的"贵义贱利"思想,为后世财政管理开辟了新的思路。

王安石认为,"以义理财"不仅是为政之要,还是治理国家的根本原则。他强调理财的目的是为国家而非为个人私欲,因此"义"与"利"在理财过程中应实现统一。为了践行这一理念,王安石纠正了以往理财中的"生事"与"征利"偏见,主张通过发展生产、开辟财源来增加国家财政收入,同时坚持厚农原则,确保农业作为理财开源的首要地位。

在具体实施上,王安石借鉴了西汉桑弘羊(前152—前80)的做法,通过盐铁专卖等手段开辟国家第二财源,有效缓解了财政压力。同时,他深刻认识到节流的重要性,主张精简机构、厚禄养廉以杜绝贪污浪费,实现财政收支的平衡与节余。王安石提出的"饩廪称事"① 制度更是将官吏的任事、行责与俸禄收入紧密挂钩,有效解决了庸官庸吏问题,提升了政府效能。

尤为重要的是,王安石在理财过程中始终秉持辩证思维,既注重开源又兼顾节流,既强调经济效益又兼顾社会公平。他提出的理财策略既非无原则的节俭也非无度的挥霍,而是根据实际情况灵活调整、收放自如。这种理财智慧不仅为北宋带来了短期的经济好转,更为后世留下了宝贵的思想遗产。

2. 会计之道,理财之基——郑伯谦

郑伯谦,生卒年月不详,温州永嘉(今浙江温州)人,乃宋代永嘉学派② 中尤为重视会计在理财中地位的学者,堪称古代首位专门论证会计地位与作用的大家。其主要著述《太平经国书》深刻阐述了会计在国家财政中的关键作用。

郑伯谦主张,会计不应仅限于考量一国之内之财,而应放眼天下,全面考量。"不独考其国之财,亦将以并考天下之财",此语彰显了他对会计计量记录、核算与监督范围扩大的远见卓识,旨在提升会计在国家财政中的职能地位,以发挥更广泛的作用。

他强调,会计应坚守几项核心原则:一是"出纳移用"原则,强调财计官吏必须紧握出纳之权,确保"权不宅移",即权力不轻易转移;二是"纠察钩考"原则,注重会计的审核与监督功能;三是合理分工理事原则,反对兼职兼管,倡导职责专一,以避免混乱与低效。

郑伯谦进一步指出,若出纳与会计不分,记账者与分派、保管钱粮者职责混淆,必将导致"奸欺"频生,账目混乱,精神耗散,思虑不周。"故出纳移用与会计必纸分开,记帐者与分派钱粮者、保管钱粮者各司其职,方能防闲周密,视听详明。"他认为,唯有如

---

① "饩",意为赠送食物;"廪"指粮仓,这里代指粮食。"饩廪"可以理解为古代官府发给官员或百工作为月薪的粮食或其他报酬。"称事"意味着这些报酬要与个人的工作业绩或贡献相符合、相称。

② 永嘉学派的形成与南宋时期永嘉地区商品经济的发展有密切关联。当时,永嘉地区出现了富工、富商及经营工商业的地主,这些新兴阶层的思想家纷纷著书立说,形成了永嘉学派。

此，会计之官方能有效稽掌财用，若其权力不足以相互制约，反而受制于他势，则难以究察奸欺，终将导致财政匮乏，暴征横敛之弊丛生。

郑伯谦深谙会计之于理财的重要性，认为把握住会计的考核与勾稽环节，不仅能有效理财制用，实现节俭，更能从根本上防止横征暴敛与贪污盗窃。反之，若忽视会计，财计官吏失职，将对财政造成难以估量的损害。他以汉初为例，警示后人：汉初六十余年积累的财富，因会计失控，竟在短短三年内耗尽，这一教训值得深刻反思。

（四）明清时期

明初，农村土地关系与农业雇佣关系出现新变化，封建经济瓦解因素增强，而封建剥削日益沉重，农民斗争频发。同时，分封诸王导致权力争夺，政治与经济制度改革缺乏明确思路。这些因素共同影响了明初的经济，财政经济思想也受影响，故而显得平庸。至明朝中后期，政治腐败、财政困难、社会矛盾激化及边疆不安等多重危机交织，张居正（1525—1582）正是在这样的历史背景下推行了一系列旨在挽救明王朝的改革措施。

1. 固本节用——张居正理财思想

张居正生于湖广江陵（今湖北省荆州市），是中国古代杰出的政治家。明穆宗隆庆元年（1567 年），他由礼部右侍郎晋升为吏部左侍郎兼东阁大学士，参与机务。隆庆六年（1572 年），明神宗即位，张居正担任首辅，独掌朝纲长达十年。

张居正改革的背景是明朝中后期多重危机交织。政治上，内阁倾轧、宦官专权，官员政务懈怠，导致政治生态恶化，统治危机加深。经济上，皇室奢侈、官僚腐败及战争频繁，使国家财政陷入危机，同时，土地兼并严重，大量农民失去土地，隐匿田产、逃避赋税现象普遍。社会上，农民起义频发，边疆也面临外部势力的侵扰。

在执政前夕，张居正已上呈"六事疏"，其中最为推崇的是"倡节俭，固邦本"。他深谙"帝王之治，欲攘外者，必先安内。《书》云：民为邦本，本固邦宁"。他认为，即便在治世，内忧外患亦在所难免，唯有百姓安乐、家给人足，国家方能稳固无忧。"天之生财，在官在民，止有此数。"因此，他强调国家财政应秉持节俭之道，"加意省俭，取之于自足之中以厚下乎"。固本理财，实乃张居正节俭制用的核心理念。

张居正执政后，面临的重要难题之一便是财政赤字严重，收入有限而开支庞大，浪费现象层出不穷，且呈恶化之势。经深思熟虑，他提出"损上益下"的方针，即重点削减宫廷开支，而不增加百姓赋税。其中的关键之处在于转变朝廷上层与富贵阶层的思想观念，抑制贪欲，使其明了"利之所在，人争趋之"，而贪欲无度，终难满足。张居正主张，国君应克制私欲，方能国泰民安，避免汉、唐、宋末之覆辙。"明主知其然，故常有以节之。"节用节俭，方能达至完美之境。

他进一步阐述："欲有节则神定，神定则无越思；欲有节则气完，气完则无过动；欲有节则事简，事简则无滥费。"张居正坚持农本思想，认为"农，生民之本也"，倡导"力本节用,抑浮重谷"。同时,他重视商业发展,认为商农相辅相成,共同促进国家经济繁荣。他强调,"欲物力不屈,则莫若省征发以厚农而资商;欲民用不困,则莫若轻关市以厚商而利农。"

面对嘉靖(1522—1566)以来持续的财政亏空,张居正重树"治国之道",将"节用为先"置于首位。他指出,"天地生财,自有定数。取之有制,用之有节则裕;取之无制,用之不节则乏"。针对当时财政状况,他提出裁减冗官、调整机构、削减军费、倡导皇室节俭等一系列措施,并坚决反对贪污受贿与奢侈腐败,认为"铢两皆民膏",必须"约己敦素,杜绝贿门,痛惩贪墨"。

张居正尤其重视官吏考成制度,认为这是实现节俭与廉政的关键。"考成一事,行之数年,自可不加赋而上用足。"他通过严格的考成制度,有效遏制了贪污腐败现象,促进了财政收支平衡,为国家的长远发展奠定了坚实基础。

明清之交的城镇手工业经济发展和商业繁荣,为新兴阶层的崛起提供了有力的支撑。而这一新兴阶层的出现又进一步推动了具有启蒙意义的思想的产生和发展。这一时期的社会变革和思想启蒙,对中国历史的发展产生了深远的影响。

2. 工商并重,维护私权——黄宗羲

黄宗羲(1610—1695),浙江余姚人。他提出"工商皆本"的观点,认为工业和商业在社会经济中具有同等重要的地位。他批判了传统儒家轻视工商业的观念,强调无论是工业还是商业,都是社会经济发展的基础,都应当受到重视。黄宗羲支持维护工商业者的权利,并带有维护私有财产权利的色彩。这无疑是将思想提升到一个新的境界,使他成为那个时代的先行者。

3. 开源节流,税源新思——顾炎武

顾炎武(1613—1682),江苏昆山人。他同样认为私有制有利于生产,这一观点也是基于维护新兴城镇市民阶层的利益。在财政节俭思想方面,顾炎武提出了更为全面的看法。他不仅从整个社会经济的角度强调节约,以改变全社会的贫困状态,还从社会生产的角度强调对生产产品的节约。他认为节约是为了生产或再生产,这一观点将节约与消费的认识提升到了一个新的水平。

在财政开源方面,顾炎武主张发展工矿业与纺织业。他认为农业是国家财政的基础,也看到了工矿业和纺织业的潜力。对于开矿,他认为只要管理得当,就可以成为富国之策。对于纺织业,他主张在每个州县都发放纺织工具,并招募外郡的能工巧匠作为师傅,以教授民众纺织技术。他还提出了雇佣制这一具有开创意义的新思想,主张通过发展生产来增加财政收入,而不是仅依靠增加农民的负担。顾炎武的思想既具有能动性,也具有积极意义,为当时的财政经济思想带来了新的进步。

4. 开源节流,统一制度——王夫之

王夫之(1619—1692),湖南衡阳人,是明末清初的一位思想家。他学识渊博,通晓

天文、历法、数学、地理，尤其精通经学、史学与文学。

王夫之坚持儒家传统义利观，倡导以德生财。他认为，君主应当行德政，轻赋节役，不厚敛于民，只有这样，人民才得以归附，国用也才得以充足。然而，他不赞同儒家所坚持的"天子不言有无，诸侯不言多少，食禄者不与百姓争利"的被动财政观，认为这实际上是"惜名而废实"，或是"忘立国之本"。

王夫之强调"钱谷者，国计之本也；赋役者，生民之命也"。在开源方面，他主张取消传统意义上的单一农业税制，实行普遍征税制，并明确指出向国家纳税是生产者与经营者应尽之义务。他认为，不论从事何种生产或经营，都应纳税，以体现"宽农田之税"与"厚民生，正风俗"的原则，从而形成一个不增农赋而全面增加国家财政收入的税收体系。

在国家理财管理方面，王夫之认为国家应在全国形成一种统一的制度。一方面，他主张在滇、黔等地实现以当地之财供当地之用；另一方面，他也关注到陕、甘等地因长期无法解缴国库而导致的收支无法稽考的问题，认为应在统一制度后予以纠正。

在漕运管理方面，王夫之主张就地取给，不舍近求远，以减少漕运费用并节省大量开支。他还认为国家的公共开支必须与君主的"私奉养"划分开来，要尽量节省皇室开支以确保公共支出。他坚持"蓄兵而卫民，敬祀而佑民，养贤而劝民"的原则，认为凡是开支取之于民则必当与民相关。此外，王夫之还主张俸厚养廉以防贪占，他的这些主张既是从开源节流出发的，也是从反贪、防贪与治贪的角度出发的。

清早期经历了"康乾盛世"，但自乾隆中后期至嘉靖道光年间，腐败与奢靡之风盛行，大清衰势显现。此间，资本主义经济关系萌芽，对封建自然经济造成冲击，商品货币经济破坏作用显著。新经济因素促使新的经济思想与理财思想萌生，具有启蒙性质的思想渐强。然而，这些积极思想多处于萌芽状态，理论体系尚不清晰。新经济思想与新兴理财思想萌芽过程中，存在相互冲撞的矛盾，反映了新旧思想的交锋及社会变革的复杂性与挑战性。

5. 衰世警言与理财革新思想——龚自珍

龚自珍（1792—1841），浙江仁和（今杭州）人，清朝时期的杰出思想家、文学家。其官至礼部主事，著作等身，集于《龚自珍全集》之中，影响深远。龚自珍对清末期的社会现实有着清醒而深刻的认识。

面对清政府的腐败无能、官场的苟且偷安以及财政的混乱不堪，龚自珍痛心疾首。他指出，清朝如同"瘫痪之疾，殆于痈疽"，官吏贪腐成风，国家机器锈蚀难行。这种状态下，财政更是乱象丛生，民不聊生，国家财政陷入前所未有的危机之中。龚自珍认为，若不及时变革，大清难逃衰亡的命运。

为了挽救国家于危难之际，龚自珍提出了"通经论用"、变法图强的主张。他坚信历史是不断变迁的，只有改革才能引领国家走向正轨。龚自珍的思想具有鲜明的启蒙色彩，他呼吁世人正视现实，勇于改革，以期实现国家的复兴。然而，值得注意的是，龚自珍的改革思想在一定程度上仍受传统观念束缚，他倾向于从古代寻找改革良方，这在一定程度上限制了其改革的彻底性。

在理财制用方面，龚自珍以新疆屯田为例，详细规划了移民垦荒与移军屯田的方案。他建议设立行省管理屯田，通过公田私化、客丁编户等措施激发屯丁的积极性；同时，从内地移民垦荒，扩大边防土地使用面积。为保障屯田安全，他还提议调驻边八旗子弟入疆驻防。龚自珍的理财思想不仅注重开源增收，还强调系统考核与预测性管理。他提出了一系列具体的操作办法和会计核算制度，确保屯田收益的最大化。龚自珍认为，这种开源节流的方法将为国家带来长远的经济利益和社会稳定。

龚自珍的变法图强与理财制用思想具有深刻的历史意义和现实意义。他勇于直面社会现实，提出了一系列具有前瞻性和务实性的改革方案；同时，他的理财思想为后人提供了宝贵的借鉴和启示。龚自珍的一生虽然短暂而坎坷，但他的思想和贡献永载史册，激励着后人不断前行。

三、近代社会

中国进入近代社会后，预算思想与预决算制度取得了一定程度的进步，但财政管理仍受到"量入为出"原则的限制，且预决算制度的执行效果有限。

这一时期的预算制度变革为后来的财政管理提供了宝贵经验和教训。

四、现代社会

中华人民共和国建立之初，百废待兴，所坚持的财政管理原则依然是"量入为出"，但此时这一财政管理原则的执行建立在发展现代经济的基础上，受到了新的理财思想与积极进取"开源节流"建制行为的支配，其前提不再局限于以有限收入控制有限的支出，而是逐步转向经济建设投入方面。之所以依然坚持"量入为出"原则，而不盲目转变到"量出为入"原则上来，其根本原因在于有步骤、有计划地发展国民经济，既执行积极主动意义上的预算，又执行循序渐进与量力而行的预算。尤其是在进入社会主义市场经济体制改革阶段后，随着国家的财政经济改革，现代中国已进入执行积极而能动预决算全面管控的发展时期。

📋 课后练习

1. 操作题

通过学习本节课程内容，在（　　　）处填入合适的关键词，将下面的思维导图补充完整。

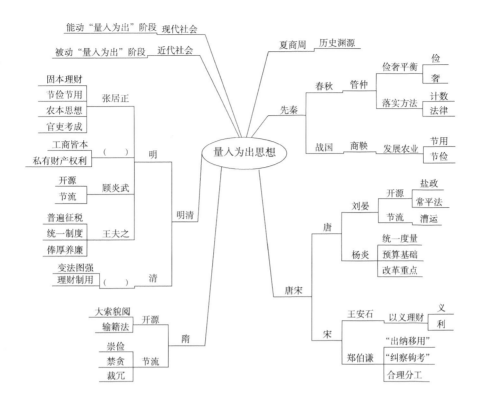

2. 思考题

在现代会计实践中, 量入为出思想如何得到体现和应用?

第三节

储备理财思想

从古至今, 储备理财思想一直是中国社会发展的关键要素。量入为出思想关注财政的 "入" 与 "出" 的平衡, 储备理财思想则更加重视 "余" 的部分。储备理财思想不仅是国家稳固财政基础、应对风险挑战、促进经济发展的核心, 也是个人与家庭实现财富积累、提高生活水平、应对生活不确定性的重要保障。

《礼记·王制》中的 "三十年之通制国用, 量入以为出" 是世界上最早提出的储备理财思想、原则、理论与方法的统一体, 它充分反映了在自然经济环境下, 理财治国用的基本规律。中国千年的历史证明, 国家储蓄是财政的基石, 关乎国计民生、风险防控与国防安全。储备理财之道, 古今相通, 古之经验教训, 实为今人之师。

一、国储与民储的辩证思考

（一）民储为本

中国远古时期便深植储备观念。神农时代的"春夏之所生，不伤不害"体现了对自然资源的珍惜与合理利用，以及对丰收的初步储备意识。虞舜时期，储备观念进一步发展，《尚书·尧典舜典》中的"食哉惟时"反映了粮食储备与季节时令的关联，及其在国家稳定与外交和平中的作用。然而，在原始社会末期，储备还局限于家庭层面，尚未形成国家财政储备体系。

（二）国储形成

随着国家的产生与发展，财政经济成为国家稳固的基石。国家深刻认识到储备对于财政经济稳定的重要性，开始致力于财政储备的积累，严格遵循"量入为出"的财政原则。同时，国家倡导节俭、节用，反对奢侈浪费、腐败贪污。这些理念共同构成了国家财政管理的核心理念，进一步凸显了国家储备理财的重要性。

储备理财思想强调在收支之余进行储备，以应对不时之需。"三十年之通制国用"就体现了古代国家对长期财政规划的重视。为此，古代国家高度重视粮食等物资的储备，并建立了太仓、常平仓、义仓等仓储体系。太仓是中央一级储存粟米的国库；常平仓则通过经济手段调节粮食价格，丰收时收购粮食防止粮价过低，歉收时抛售储备平抑粮价；义仓则是用于备荒而设置的粮仓。此外，古代还注重漕运和仓储的统筹建设，通过漕运运输粮食等物资，再通过仓储进行长期保存。随着历史的推移，漕运制度也不断改革和完善，如唐代的刘晏改革漕运，通过疏浚河道、实行均输法等措施，使漕运更加高效，进一步支持了储备理财思想的实践。

在这一过程中，会计作为经济活动的语言，始终发挥着记录、分类、总结和解释经济活动的重要作用。它为储备理财思想的实践提供了数据支持和决策依据，是储备理财不可或缺的一部分。

二、储备理财思想的发展演进

在储备理财的过程中，国家对国储与民储的辩证关系也有了深刻的认识。国储与民储相辅相成，国家储备可以应对大范围的灾害和危机，维护社会稳定；而民间储备则可以作为补充，帮助小范围地区或个人渡过难关。这种相辅相成的关系确保了古代社会的经济稳定和可持续发展。

（一）第一阶段：传统储备理财与"量入为出"原则的确立

这一阶段储备理财注重与"量入为出"原则的一致性，历代理财家信守"三十年之通制国用"的思想，强调国家财政必须保持一定年份的储备量，并始终坚持以入制出为前提。

夏朝刚刚摆脱原始公社制，已经了解粮食储备的重要性，但是储备处于短缺状态。夏朝后期进入阶级社会，随着农业水平的提高，仓库里已经有了以粮食为主的一定数量的储备，当权者从思想上开始重视仓库。当时有这样一段记载："天有四殃，水、旱、饥、荒。其至无时，非务积聚，何以备之。"只有有了储备，才能养财以防患，这是国家财政初始阶段理财之中的储备思想。

商王武丁（？—前1192）征伐用兵，最多时达到三万人，三年攻克制胜，依靠的便是军粮储备。

西周太师吕尚，在辅佐周武王伐纣灭商的过程中，对财政储备的重要性认识比较深刻。西周实行"兵农一体"，既涉及战时财政管理，也涉及储备核算，是一个很好的储备战略与战术实施相结合的范例。

（二）第二阶段：国储与民储的和谐共生

这一阶段以坚持"量入为出"原则为纲领，强调处理好国储与民储之间的关系。这一阶段的主要观点认为，保持国家财政具有一定储备量的前提是保持民生储备，而增加国家储备的手段是崇俭节用、坚持量入为出。

1. 管仲

《管子》一书中展现了管仲的储备理财思想。管仲强调，国君应时刻关注国家财政状况，发现不足时需通过算计补充，同时注重防旱水溢，及时赈济民众，将储备防患视为维护民生之要务。

管仲认识到民储与国储的辩证关系。他指出，进行战争必须得到人民的支持，也必须让人民有一定储备，以消除战争隐患，确保国家无后顾之忧。他强调，开明的治国者应动员百姓开发土地、多产粮食，使国库充实。"仓廪实而知礼节"，国库的充盈与百姓的富足是相辅相成的，这样的国家才能在战争中立于不败之地。

2. 王安石

（1）重农固本

王安石坚持以农业为国家财力的根本，认为国家储备取决于农业生产。他指出，"前代兴王知不废农事乃能并天下。兴农事自不费国财，但因民所利而利之，则亦因民财力而用也"。这表明王安石认识到农业发展对于国家财富积累和储备的重要性。为了将这一思想付诸实践，他推行了青苗法，旨在通过为农民提供现钱或粮谷，帮助他们渡过灾荒，进而保障农家的储备。这一政策不仅有利于农家，还间接增强了国家的储备能力，因为农家储备与国家储备是密不可分的。这体现了王安石"厚农"政策与国家储备理财思想的紧密结合。

（2）全局统筹、节省、调配

王安石将储备理财思想贯穿于国家财政经济活动的全过程，特别关注征税、发运与储备这三个重点环节。他认为两浙路、江南东路、江南西路、荆湖南路、荆湖北路与淮南路这六路是国家税源和储备的重要依靠，因此提出通过贷款资助六路财源的培养，以能动地掌握收入，从而在储备理财与开源支持国用上处于主动地位。同时，对于各专项收支，王安石要求列为专项核计范围，并强调支出原则以节省为重。他提出了一系列措施来确保各项收支的合理安排和使用，并强调调用与储备都应立足于计算，调拨者与被调拨者都要记录在案，做到胸中有数。这体现了王安石在储备理财中注重全局统筹、节省和合理调配的思想。

综上所述，王安石的储备理财思想体现在其重农固本，全局统筹、节省、调配等方面。这些思想在变法改革中得到了实际体现，是前所未有的进步。

（三）第三阶段：储备理财思想的转变与发展

随着商品货币经济的发展，这一阶段出现了从开辟新财源方面考虑储备理财的新思想，包括对生产经营及其要素的认识，对私人占有财产的认识，以及对以发展工商业作为储备理财新方向的认识等。这些新思想反映了中国古代储备理财思想从消极储备理财向积极储备理财的转变。

1. 黄宗羲

黄宗羲认为封建君主专制妨碍了个人的私利，主张"产"和"利"不应被随意剥夺，这实际上是对私人占有财富储备合理性的肯定。这种思想实际上既是在为市民阶层的经济利益辩护，也是在为商品经济的发展争取更大的空间，反映了新兴市民阶层对自由、平等和财产权的渴望，还体现了商品经济发展对人们思想观念的影响。他的思想在当时具有进步意义，并为后来的民主思想提供了重要的理论基础。

2. 顾炎武

顾炎武对储备理财的认识与黄宗羲颇为一致。他认为，"天下之人，各怀其家，各私其子，其常情也。为天子，为百姓之心，必不如其自为。此在三代以上已然矣。圣人者因而用之，用天下之私以成一人之公，而天下治"。他主张顺应人性，即通过促进个人利益来达成公共利益，进而实现社会和谐。天下百姓拥有私产，完全合乎常理与常情。

"自三代以下，田地买卖，而所谓业主者，即连陌跨阡，不过本其锱铢之直，而直之高下则又以时为之。"道理上，财富的私人占有是人们价值观念形成的基本原因。实物形态的财富可以以价值形态来衡量，这也是自然而然的进步。从今往后，对实物价值的估量，其表现再也不仅是数量上的，还是价值与价格上的估量。顾炎武所讲的"直"（值），虽然在价值与价格上还是一种相混同的概念，但确实已考虑到可以用货币来进行度量，更可以以货币来度量仓库中的储备之物，这自然是一种新的度量思想与新的量度实践。

3. 魏源

魏源（1794—1857）的生产经营观体现了深入的思考。他认为，在生产经营活动过程中，"财"（包括货币形态的资本、人力）与"材"（包括生产资料与劳动对象）都与理财有直接关系。这些要素不仅直接影响产品成本，还进一步影响产品或商品的价格，并最终与税收产生关联。这种全面的认识显示出魏源在理财问题上的独特见解。

他通过"植柳"与"剪韭"的比喻，生动地阐述了培养税源的重要性。魏源认为，善于治理国家的人应该像种植柳树一样，既修剪其枝叶，又注重培育其根本；而不善于治理国家的人则只会像剪割韭菜一样，日复一日地剪割，直到耗尽为止。这一比喻深刻地揭示了培养税源作为长久之计的必要性。

魏源进一步指出，税源的扩大是财源得以扩大的基础。只有税源不断壮大，国家才能拥有经久耐用的可靠储备。这种储备不仅为国家提供了稳定的财政基础，还使国家能够更加灵活地执行量入为出原则。根据这一原则，国家应根据自身的财政收入来制订合理的财政支出计划，以确保财政的稳健和可持续。

综上所述，魏源的生产经营观体现了他对理财与生产经营之间关系的深刻理解。他认识到培养税源、扩大财源以及建立国家储备的重要性，并强调这些要素对于执行量入为出原则的基础性作用。这种认识在当时具有前瞻性和创新性，为后来的财政思想和实践提供了有益的借鉴。

（四）第四阶段：现代储备理财思想的复杂化与全球化

在现代社会，储备理财思想已发展成为一套复杂理念，关联着个人、家庭、企业、国家乃至全球经济的稳定与发展。国家通过实施稳健财政政策、维护金融市场稳定和完善社会保障体系来体现储备理财思想。

会计在此过程中发挥着重要作用。未来，随着金融科技和全球经济的深度融合，会计将为储备理财思想的实践提供更加坚实的支撑和保障。

课后练习

1. 操作题

通过学习本节课程内容，在（　　　　）处填入合适的关键词，将下面的思维导图补充完整。

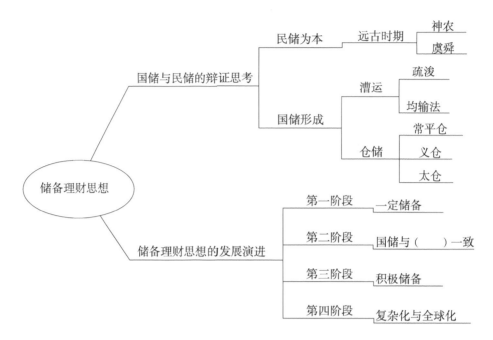

2. **思考题**

在现代会计体系中，储备理财思想如何与精确计量原则相结合，以实现企业财务的长期稳健和可持续发展？

💡 **文化链接**

南京明城墙

南京明城墙（见图 3-3）为古代军事防御设施，是城垣建造技术集大成之作，是中国继秦长城之后的又一历史奇观。现存为京城城墙，长超过 23 千米，城门计有 13 座，水关 2 座。其于 1988 年被确认为全国重点文物保护单位。

图 3-3 南京明城墙

"城墙千万砖，块块有深情。"明城墙的城砖用量巨大，为了能保证城砖质量、分得清责任，每块城砖上面都印了造砖人和负责人名号。这不仅是确保明城墙高质量建造、强化管理、实名监督、落实责任的有效手段，也是一种精确计量思想的体现。

📝 章节巩固

单项选择题

1. 在奴隶社会，精确计量成为国家财政管理的重要手段，主要用于确保（　　）的精确性。

　A. 资源分配　　　　B. 税收和财政支出　C. 生产效率　　　　D. 市场价格

2. 封建社会时期，中央政府通过精确计量对地方财政进行有效控制，这一做法的主要目的是（　　）。

　A. 推动经济增长　　B. 加强中央集权　　C. 促进商品流通　　D. 细化会计科目

3. （　　）在春秋时期提出了"不知计数不可"的理财主张，并强调会计管理对于国家治理的重要性。

　A. 管仲　　　　　　B. 商鞅　　　　　　C. 刘晏　　　　　　D. 王安石

4. 明清时期，（　　）提出了"工商皆本"的观点，批判了传统儒家轻视工商业的观念。

　A. 黄宗羲　　　　　B. 顾炎武　　　　　C. 王夫之　　　　　D. 龚自珍

5. 选项（　　）最能概括魏源在储备理财方面的生产经营观。

　A. 强调产品成本和价格的重要性　　　B. 主张通过培养税源来扩大财源
　C. 关注货币资本和人力资源的利用　　D. 提倡根据财政收入制订支出计划

第 四 章

会计制度的演进

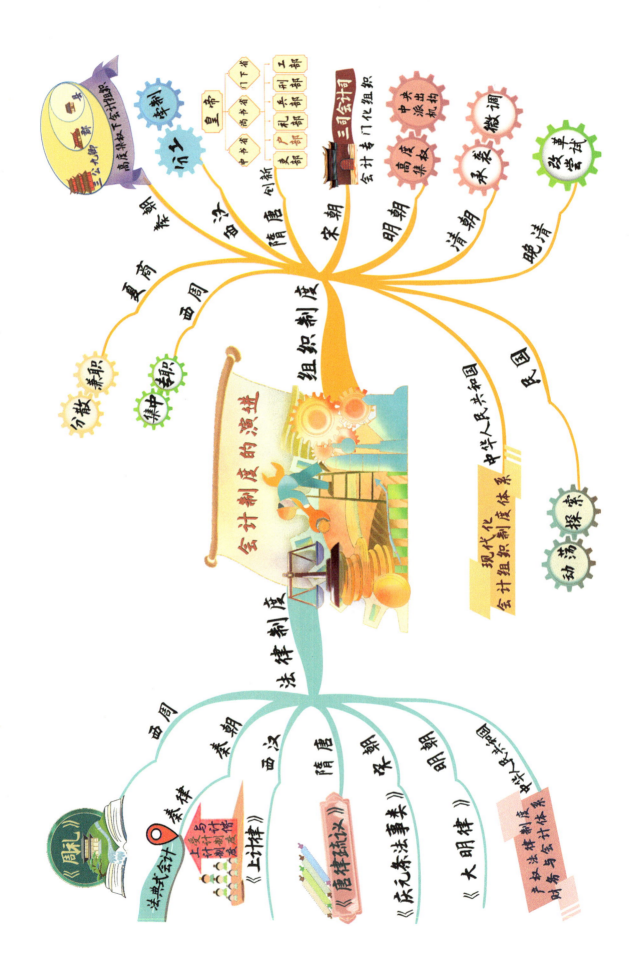

会计制度的演进

组织制度

夏商
西周
隋唐 创新
宋朝
明朝 三司会计组织
清朝
晚清
民国
现代化 会计组织制度体系
中华人民共和国

夏商 三公九卿 高度集权下会计组织
西周 宰制 立官
隋唐 创新
宋朝 会计专门化组织
明朝 三司会计组织 中央派出机构 高度集权
清朝 承袭 微调
晚清 改革尝试
民国 探索 动荡

皇帝
中书省 尚书省 门下省
吏部 户部 礼部 兵部 刑部 工部

分散 兼职
集中 兼职

法律制度

西周 《周礼》
秦朝 秦律 效率式会计 上交与计 结制度登记
西汉 《上计律》
隋唐 《唐律疏议》
宋 《庆礼条法事类》
明朝 《大明律》
中华人民共和国 手权法律制度 财务会计制度体系

学习目标

◄ **思政目标** ────────────────────────

1. 通过考查会计组织制度、法律制度的演变历程，培养学生从历史视角分析问题、理解变革的能力。

2. 加强学生对中华优秀传统文化的理解和认同，促进学生在会计思想和管理智慧方面的传承与发展，提升学生的文化素养。

3. 使学生深刻认识到会计思想的高效实现依赖于科学、合理的组织制度，通过探究古代及现代会计组织制度的构建与运作，培养学生的组织管理能力和系统思维能力。

◄ **知识目标** ────────────────────────

1. 深入理解各朝各代财计组织制度、法律制度的异同、发展历程及其在各朝各代中的演变特点及历史原因，以及这些制度是如何为当时的会计思想服务的。

2. 理解古代财计组织制度与现代财计管理体系之间的联系与区别，理解历史传承与现代创新的关系。

◄ **能力目标** ────────────────────────

1. 能够分析不同历史时期财计组织制度的优缺点，提出改进建议。

2. 能够解决实际财务问题，并通过案例分析等方法，将理论知识应用于实践。

3. 能够将古代财计管理智慧与现代经济、管理等多学科知识相结合，提升综合应用能力。

会计文化导入

管仲与理财思想

　　管仲以其深远的国务行政与财政经济改革思想，深刻地影响了齐国的崛起与繁荣，使齐国成为春秋时期的强国之一。他的理财思想博大精深，被系统地记录在《管子》一书中，为后世留下了宝贵的政治经济思想遗产。管仲重视系统性治国方针，认为国家应制定全面合理的制度，才能有效地进行治理管理、资源调配和税务征收，这一理念也体现了"立规矩、讲规矩、守规矩"的治国智慧。

　　在组织改革方面，管仲提出"四民分业"政策，将全国划分为士、农、工、商四类，各自居住于固定区域，形成清晰的社会分工体系。他注重组织管理，以乡为单位对士、工、商进行管理，以"鄙"为单位对农民进行统一管理。在税制改革上，管仲坚持合理负担原则，推行均地之法，根据土地质量分等级征税，确保了税收的公正性。他设立了专门的会计机构，负责记录和管理国家的财政收入和支出，通过精确的会计记录，使税收的征收与分配更加合理与公正。

　　管仲还充分利用齐国的地理优势，确立了官盐铁与官山海两大财政收入来源，显著增加了国家财政收入。他强调对自然资源的掌控与合理开发，将森林收归国有，既保护了生态资源，又提高了其经济价值。管仲的治齐之术被孔子所称赞，其组织管理、制度建设、农业发展、合理税收等系统性变革也被后世所借鉴。

第一节

会计组织制度演进

会计组织制度是国家治理体系中的重要组成部分，其历史演进不仅映射出国家经济政策的变迁，也深刻反映了各朝各代理财思想的演进与制度实践的深化，从夏代的萌芽到现代的系统化转型，每一阶段都承载着特定的历史使命，共同编织出一幅丰富多彩的国家治理经济图谱。

一、夏商会计组织制度——分散与兼职

（一）会计思想基础

夏朝处在资源匮乏、生产力低下的时代背景下，通过高度集中与适度分权的授权机制，初步实现了对国家资源的有效配置。这种机制的核心在于"精确计量，量入为出"，即根据国家的实际收入来安排支出，确保财政收支平衡。这种理财思想不仅为夏代的国家治理提供了有力支撑，也奠定了后世财政管理体系的基石，为财政组织的形成提供了思想基础。

（二）组织架构

夏朝虽无关于专职财计官员的直接记载，但贡赋制度的实施无疑说明财计活动在当时已正式展开。诸侯向中央贡献农产品、手工制品等实物，这一过程中必然涉及财物的登记、核算与分配。这些工作由当时的官员兼职处理或由多个部门共同负责。

（三）制度轮廓

夏朝通过贡赋制度的实施，初步构建了会计管理的制度框架。这不仅加强了中央对地方经济的控制，促进了资源的有效调配，还为后来的会计制度发展提供了重要的参考和借鉴。例如，贡赋制度中的登记、核算与分配环节为后来的会计记录、会计核算和财务管理奠定了基础。此外，夏朝还可能通过设立简单的账簿或记录工具来记录贡赋的收支情况，为后续的审计和监察提供了初步的数据支持。

二、西周会计组织制度——从分散到集中，从兼职到专职

（一）会计思想基础

《周礼》问世前后，财计管理思想实现了关键性跨越。《周礼》详细描绘了周王朝的财计组织体系，六卿各自负责不同的职能领域，体现了分工合作的理念；冢宰总领财计考核与监督，则强调了财计管理的重要性。这一时期的理财思想进一步深化为"精确计量、量入为出、储备理财"，即在精确计量的基础上，合理安排收支，同时注重储备以应对不时之需。

（二）组织架构的完善

西周时期的财计组织体系，在一定程度上实现了财政的有效管理和监督。小宰与司会都是财计组织体系的重要组成部分。小宰是主管王朝的财物保管，而司会则负责王朝财政经济收支的会计核算。各部门在冢宰的统一领导下分工明确、各司其职，共同维护了财政秩序的稳定和财政资源的有效调配。这一体系为西周国家的长治久安提供了坚实的财政保障。

1. 冢宰负责监督和管理全国财计

冢宰作为财计组织体系的核心领导，主要负责监督和管理全国的财政事务，包括财政收入、支出以及官员的政绩考核等。他负责对百官的政绩进行定期考核，实行一年一小考、三年一大考的制度。考核结果上报给周王，由周王根据考核结果决定官员的赏罚与任免。冢宰通过严格的考核和监督机制，确保了财政政策的有效执行，维护了财政秩序的稳定。

2. 主要部门及人事架构

中大夫小宰主要负责官员的政绩考核，包括月度考核和年度考核。同时，他们参与政务财物的管理和国库财物的稽查工作。中大夫小宰作为部门主管，负责整体管理和监督工作。宰夫作为工作人员，具体负责考核与稽查任务的执行，包括稽查国库财物出纳情况和评定官员政绩。

司会主要负责会计审计和财计法律制度的监督，掌管与贡赋征纳相关的图籍副本，并进行统一的会计报告审查与考核。司会作为部门主管，辅佐冢宰监督各级官员执行财计法律制度。会计人员负责会计报告的编制与审核工作，确保会计信息的真实性与合规性。

大府主要负责国库管理，包括国库财物的验收、分发与保管，并在年终对所属国库进行考核，同时呈递会计报告。大府长官负责国库全面管理。国库管理人员具体负责国库财物的验收、分发与保管工作。

司市主要负责市场税收，包括市税征收与市场物价调节，通过设立市场管理机构来维护市场秩序和调节物价。司市长官负责市场管理机构的整体运作。市场管理人员具体负责市税的征收工作。

地官司徒主要负责农业收入的管理，包括粮谷等农业收入的保管与出纳工作。地官司徒负责农业收入管理机构的整体运作。农业收入管理人员具体负责粮谷等农业收入的验收、保管与出纳工作。

（三）大计制度形成

西周时期，冢宰推行了一年一考、三年一大考的"大计制度"，奠定了财政审计与监督的基础。该制度要求地方定期向中央呈报财政状况，接受中央的严格考核与监察，确保财政信息的透明与秩序。

司会部门作为审计核心，承担审核各官府会计报告的重任。通过细致审查，确保每一笔财计信息的真实无误与合规合法，有效维护了财政管理的公正与效率。

在预算编制方面，西周展现出财政管理的初步框架。《周礼》明确记载，王室与诸侯间遵循简约而有序的预算编制流程，秉持"量入为出""以支定收"的核心理念，实现了财政资源的合理配置与收支平衡。考古发掘的青铜器铭文与简牍，为我们提供了西周财政活动的宝贵记录。这些记录中关于贡赋征收、军费开支等细节，生动展现了西周预算编制与执行的实践场景。官员们利用这些原始工具，精心规划国家财政，为国家的长期稳定发展奠定了坚实的经济基础。

（四）部门牵制关系的初现

西周财计组织制度深谙制衡之道，部门间隐含牵制关系。冢宰、司会和大府三者之间相互牵制、相互监督。

冢宰作为考核体系的总舵手，掌握对各级官员的考核与奖惩大权，确保财计政策的有效执行与官员的廉洁奉公。其职能独立且权威，为西周财政管理树立了公正严明的标杆。

司会部门作为审计者，独立于财计流程之外，专注于会计报告的独立审核工作。这一设置确保了财计信息的真实性与合规性，防止了虚假报账与贪污腐败的发生。

大府作为国库的管理中枢，负责国库财物的保管与分发。其严谨的管理制度和严密的安保措施，确保了财政资金的安全与完整，为国家的稳定与发展提供了坚实的物质基础，是西周财政管理的坚实后盾。

《周礼》中的财计组织系统如图4-1所示。

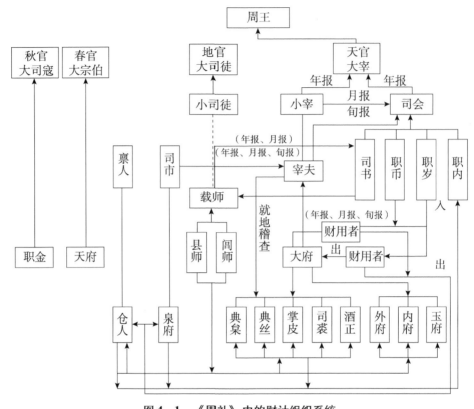

图 4-1 《周礼》中的财计组织系统

三、秦朝会计组织制度——高度集权下的会计组织

(一) 会计思想基础

秦朝的会计思想基础是以发展农业为前提的节俭和节用思想，鼓励农民勤于耕作，提高农业生产效率，从而增加国家的财政收入。注重财政支出的合理性和有效性，以确保国家的长期稳定发展。

(二) 强化中央与地方的组织架构，上下贯通

秦朝建立了中央集权制度，三公九卿负责将国家财政集中于中央政府手中。同时，通过设立专门的财政管理机构来管理国家财政和皇室财政，避免了财政资源的浪费和滥用。

1. 秦朝中央

(1) 三公

三公中，丞相是中央政府的最高行政长官，负责全面掌管国家财政事务；御史大夫作为丞相的助手，负责监察各级官员的财计活动，确保财计管理的合规性和有效性；太尉则

是三公中的一员，掌理全国军事，为军务控制的最高长官。

（2）九卿

九卿中，治粟内史则专门负责国家财政的管理，包括税收征管、财政支出等方面的工作；少府则负责皇室财政的管理，包括皇室收入与支出等方面的工作。

2. 地方

在地方上，郡守作为郡级财计机构的长官，负责郡内财政事务的管理；县令（长）作为县级财计机构的长官，负责县内财政事务的管理。

这种上下贯通的财政运行体系，使秦朝能够实现对全国财政的统一管理和控制。

（三）上计形成

1. 上计制度：写报告

秦朝的上计制度是中央集权财政管理的重要组成部分，它严格规范了地方财计信息的流转与监督流程。根据这一制度，各郡县需遵循统一标准，定期向中央呈报详尽的财计报告。这一报告不仅涵盖财政收入与支出的明细，还深入分析预算执行的实际情况，确保内容全面且具体。

2. 上计过程：审核和评估

在上计过程中，郡县官员必须依据既定格式精心编制报告，确保每一笔账目清晰可查，为后续审核奠定坚实基础。随后，这些报告需按时提交至中央政府指定部门（如治粟内史），接受专业而严格的审核与评估。这一环节旨在验证报告数据的真实性与合规性，防止虚假信息的混入，从而维护财计体系的公正与透明。

3. 上计结果：确定奖惩

中央政府设立的专门机构在审核财计报告的同时，负责对地方财计管理工作进行考核。通过对报告内容的深入分析，并结合实地考察与反馈，中央能够准确评估各郡县的财计管理水平，并据此实施相应的奖惩措施。这一机制有效激励了地方官员提升财计管理效能，促进了全国范围内财计工作的规范化与高效化。

秦朝的上计制度通过精细化的流程设计与严密的监督机制，确保了地方财计信息的准确传递与有效管理，为中央集权的财政体系提供了坚实的制度保障。

四、西汉会计组织管理——分工与牵制

（一）会计思想基础

西汉时期，大司农桑弘羊等推动了财计管理的精细化发展。他们倡导"开源节流、储备理财"，通过均输、平准等政策调节市场物价，增加国家财政收入；同时推行盐铁官营等政策，加强国家对重要经济资源的控制。这些措施的实施不仅提高了财政效率，还促进

了国家经济的发展和繁荣。西汉时期的理财思想更加注重财政资源的合理配置和有效利用，为后来的财计管理提供了宝贵经验。

（二）细化中央组织架构，分工明确

大司农作为西汉中央政府的财政管理机构，负责全面掌管国家财政事务。其下设有太仓令、均输令和少府。

1. 太仓令

太仓令专门负责粮食等财物的验出与验入工作，确保粮食等物资的安全与完整。

2. 均输令

均输令负责全国范围内的物资运输与物价调节工作，确保市场物价的稳定与合理。

3. 少府

少府作为皇室财政管理机构，负责皇室的收支管理，确保皇室财政的独立性和稳健性。

这种细化的组织架构使得西汉的财计管理工作更加专业化，各部门职责明确，相互协作，共同维护了国家财政和皇室财政的稳定运行。

（三）上计完善与强化

1. 御史台

御史台负责上计工作，审计与经济监察机制显著强化，御史台成为这一领域的核心力量。该机构不仅严谨审核各级官员提交的财计报告，确保数据的准确无误，还深度介入财计活动，对其合规性与真实性进行全面而细致的监察，迅速识别并纠正潜在问题，有效维护了财政纪律的严肃性。

2. 大司农

大司农作为预算管理的主导者，其角色至关重要。在预算编制阶段，大司农依据国家实时状况与财政实际需求，精心策划科学合理的预算方案，并呈报皇帝审批，确保国家财政规划与战略方向紧密相连。预算获准执行后，大司农持续跟踪监督，定期审查预算执行情况，评估财政支出的合规性与效益，及时调整策略以应对变化，有力保障了预算目标的实现与财政资源的优化配置。

（四）部门牵制关系的强化

西汉财计组织制度中，部门间的牵制关系被进一步明晰与强化。大司农负责国家财政，少府负责皇室财政，遵循严格的财务规范，在御史台的监督下各司其职。

1. 国家财政

大司农专注于国家财政的宏观管理与调控，确保国家财政体系的稳健运行。

2. 皇室财政

少府独立负责皇室财政的细致管理，维护皇室经济活动的有序进行。

3. 监察机构：御史台

御史台作为独立监察机构，扮演着至关重要的监督角色。它对大司农的国家财政管理活动进行全面审视，确保每一笔国家开支的合规与透明；同时，紧盯少府的皇室财政运作，防止奢靡浪费，保障财政资源的有效使用。

这种三层架构下的相互牵制与监督，极大地提升了西汉财计组织制度的稳健性与可靠性，为国家的长治久安奠定了坚实的经济基础。

五、隋唐会计组织制度——创新

（一）会计思想基础

隋朝在节俭理财、反贪防腐以及裁减冗员方面的做法与成效，对唐朝产生了直接影响。唐朝的理财思想实现了从以往被动的节俭观向积极主动的节俭观的显著转变。唐朝积极主动的节俭观念直接将开源节流的原则落实到"量入为出"的财政执行层面，这反映出唐朝在财政管理上对"量入"与"为出"两大部分的统一协调和灵活管理，而非简单地机械执行或死搬硬套。

（二）三省六部制

隋唐之际，三省六部制的创立，标志着组织制度迈入了一个新的阶段。

1. 三省

三省中，中书省负责起草诏令（出命），门下省负责审议（封驳），尚书省负责执行（行之）。三省鼎足而立，共同行使宰相权力。

以尚书省机构最为庞大，掌控事务也最为繁杂，这是它在"共议国政"中所拥有的事权而具有正宰相地位的主要原因。

中书与门下与皇帝最为亲近，故其在三省之间，可在事权掌控中达到并重，在组织总体关系处理上"可以维持相对平衡"。

三省首长分别为仆射、侍中与中书令。其一身二任，既分掌各省决策权，又"共议国政"，行使宰相在某一方面的权力。三省相互牵制，在国家政权行使上相互制约。

2. 六部

尚书省的总办事机关称为"都省"。都省之下设吏、户、礼、兵、刑、工六部，此为"三省六部"之称的缘由。六部根据诏令与朝政决策指令办事，事权对口，分工明确，各掌政务的某一方面。吏部主管人事及任用之权；户部掌管民政、户口等事；礼部主管宗教、教育事宜；兵部掌管军事；刑部掌管司法；工部主管建设。

在以农业经济为主体的社会里，国家财政之依托完全与人户、田土相关。人户控制以户籍为纲，掌理农业赋役征纳，以所编计账为据，而颁田与受田则是安稳农户的基础，唐朝以"户部"取代汉之"大司农"和隋朝"民部"。户部"掌天下田户、均输、钱谷之政令，其下属有四：一曰户部，二曰度支，三曰金部，四曰仓部"。

（1）户部为财政管理的核心机构，一是精准把握国家经济脉搏，制定并执行财政政策；二是科学编制年度预算，并严格监督其实施过程。

（2）度支核算监督，通过对财政收支的细致核算与严格监督，有效防范了资金流失与滥用现象，确保了财政资源的优化配置与高效利用。

（3）金部负责货币，作为货币流通的管理者，专注于钱帛的出纳与调控，维护了货币市场的稳定与活力。

（4）仓部负责粮食，是国家粮食安全与战略储备的守护者，负责粮食等关键战略物资的存储、调配与保护，确保在紧急情况下能够迅速响应，为国家安全与社会稳定筑起了一道坚不可摧的防线。

（三）独立于三省六部外的监察机构——御史台

1. 成为国家的监察官

唐朝的监察御史制度较之以往更加健全，御史不再是天子的私人监察官，而是成为国家的监察官。唐朝的御史台独立于三省六部之外，其御史大夫为正三品的首席长官，其监察权具有权威性，威慑力强。

2. 组织设置及职责

御史大夫与财计监察相关者为察院及殿院。

（1）察院的重要职事为分察与分巡

分察对象为尚书省六部，监察对象的重中之重是户部中的度支。度支系统所编制的各类会计报告必经监察御史督察，其为监察工作中的集中点。

分巡对象为地方州县，一般每岁两季遣使，春曰"风俗"，秋曰"廉察"。

（2）殿院

殿院对国库钱粮出纳进行监察。这项监察权力具体由殿中侍御史行使。监察的重点对象是司农寺与太府寺所掌国库，监察目标是两寺所控国库财物出纳执行的合法性与合规性。

（四）财计政务机关与事务机关共同形成国库出纳体系

户部的金部和仓部作为政务机关下达财物出纳指令，事务机关太府寺与司农寺负责钱粮的支出行为。二者在财物管理运作上为一体，构成中央一级的国库出纳组织系统。

1. 事务机关太府寺——对应户部本司及金部

太府寺负责对仓储财物出入的核算结果，首先须向金部报告，然后再通过金部向户部报告，以接受上级对会计报告的考核审计，包括所编制的月、季、年度会计报告都要通过这一程序。

2. 事务机关司农寺——对应户部本司及仓部

司农寺负责凡租税粟米验收入库，分仓储存保管，据令支拨与发放验出，以及设账考核出纳与结存数，提交月、季、年度会计报告，勘验审查，统由其负责。

3. 政务与事务牵制关系的建立

金部和仓部与太府寺和司农寺，在政务与事务管理职能上的分别；仓储财物出纳与核算上一体关系的建立；以凭证为依托的对口牵制关系的建立，是唐官厅在国库组织管算结合方面的突出进步，这一进步在古代官厅会计发展史上具有标志性意义。

（五）中央级司法性质独立审计部门

1. 司法性质的独立审计部门

"比"意为比勘、审查与勾覆，勘定审理结果究而举之，为官厅具有独立意义的审计。唐朝比部隶属于尚书省刑部。比部是中央一级具有司法性质的独立审计部门或机关，并且从中央逐级审计到地方，把独立审计范围由中央扩大到全国，把独立审计与内部审计及会计检查从性质上区分开来。

2. 机构设置及职责

凡国家财计各环节一律由其总勾总审，凡军政内外与上下，无所不经由其勾覆、勘比，审计权力之大为以往不可比。在审计内容上，所谓"三月一比""四时勾会"，便是明确比部对会计报告审计的重点放在季报与年报方面。

（六）五大牵制制度

1. 牵制制度的建立

唐朝在三省六部制组织框架下，围绕中央财计集权，系统设计并建立起以五分管为特征的财计牵制制度，这是在理顺财计组织关系、系统执行财计牵制制度方面的创新成就。

2. 五种牵制或制约关系（见图 4 - 2）

（1）度支所掌会计权责与统计、税征权责相牵制；

（2）度支所掌预算与国库组织预算的财物出纳管理相牵制；

（3）国库组织系统内部围绕财物出纳事项执行，在金部与太府寺之间，以及在仓部与司农寺之间建立牵制关系；

（4）在比部行使独立审计权与度支进行内审方面形成牵制关系；

（5）在御史财计监察与比部独立审计之间形成协同控制作用与牵制关系。

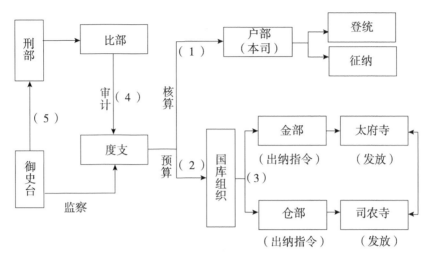

图 4 - 2   五种牵制或制约关系

六、宋朝会计组织制度——会计专门化组织

（一）会计思想基础

宋朝初期，冗官冗费问题的凸显，使财政压力日益增大。政府重视"开源节流、储备理财"的思想，强调在增加财政收入的同时，注重节约开支和储备资金，以应对不时之需。

（二）官厅会计组织：三司、三司条例司、三司会计司

1. 三司

三司总理国家财政，掌控官厅会计，衙门号称"计省"，其首席长官三司使被称为"计相"，官位仅次于宰相。真宗时，寇準（961—1023）头年任三司使，次年便升为宰相。宋初规定地方州郡一律不得留用财赋，全国财用支出统由三司掌控，三司权势尤重。

三司的下属机构包括盐铁、户部和度支。

2. 三司条例司

王安石以"理财、整军、富国、强兵"为目标进行改革，特别重视财计改革，神宗命令设立"三司条例司"来考核盐铁、度支、户部三司簿籍，并通过"条例司"做出规定：全国一年的经费开支必须事先编制预算，事后遵照预算执行，以控制冗费支出。通过这些措施，国家在经费节用上总计裁省了十分之四的冗费。

在此期间，神宗诏准王安石废除三司使，将盐铁、度支、户部并为一部，使财计权力集中于宰相之手。这些做法都体现了改制的精神，是具有成效的。

3. 三司会计司

三司会计司的工作目标是全面考核天下财赋的收支情况。自此，一度根据各州、各路

的会计报告，实行汇总考核，开创了财政收支按州、路统一考核的先例。然而，该司在次年被废除，"三司会计司"存在时间短暂。

"三司会计司"的财计组织命名在中国会计发展史上首次出现，这一专门化会计组织命名对后世官厅财计组织的建制产生了深远的影响。

七、明朝会计组织制度——高度集权与中央派出机构

（一）会计思想基础

明朝中央的财计组织系统决策的权重建立在一个全面而系统财政收入结构之上，遵循"量入为出"的原则。在财计组织的总体性规划上，从中央到中央派出机构，到省、府、县，再到里甲、粮长制，都体现出明朝财计组织建制的系统性、科学性与切实性。

（二）会计组织

明朝废除了丞相制，将相权分散到吏、户、礼、兵、刑、工六部，六部尚书直接听命于皇帝，并对皇帝负责，六部的品秩得到提升。相权集中于皇权，皇帝直接控制权力达到了前所未有的程度。

1. 中央会计组织

改称户部为"民部"，自此，户部以下分为民部、度支、金部、仓部。

民部，掌管现实与未来的财政收入以及诸多方面的民生问题。

度支，以"量入为出"的财政原则为依据，全面考核天下收入，预计国家开支，掌控财政支出中的主要事项，确保一个会计年度的收支平衡，并为下一会计年度做出预算。

金部，掌管天下的库藏。

仓部，所掌粮谷的出纳，与金部掌管的钱帛出纳形成对应的管理关系，共同构成国库出纳的两个主要方面。

2. 户部的派出机构

户部在各省所设派出机构，如都转运盐使司、盐课提举司、市舶提举司等，目的是加强省级财政在特定财政收入上的管理。这些派出机构的官员具有一定的级别，在管理事务上具有权威性。这些派出机构人员属于中央财计组织部门的编制。

3. 地方会计组织

①省级财计组织设置及职权

明朝改行中书省为承宣布政使司，依旧称为"行省"，或简称为"省"。明朝由承宣布政使司掌管一省的行政、民政和财政权力。同时，设立提刑按察使司和都指挥使司分别掌管司法和军事。三司之间没有统属关系，既分权鼎立又相互制衡。三司的权力直接归属朝廷，体现了中央对地方的集权控制。

②府、县的组织部门

府级财计组织是具有独立核算意义的财政与会计单位，直接掌控县级的财政与会计事务。当时的会计被称为"书手"或"书办"，也被称为"司计"。

③里甲组织与粮长制

明朝在地方最基层设立的里甲组织，是封建国家政权遍布广大农村、深入穷乡僻壤的最基本组织建制。

明朝的粮长制是田赋制度中重要而特殊的部分，是其在基层强化财计管理的一个明显进步。

4. 中央财计监察组织

在明朝的两百多年间，御史对财计事项或涉及财计事项的监察一直在不断加强。除都察院设置外，明朝还设立了六科给事中来稽查六部百司的事务。六科给事中的事权与御史相当，二者没有统属关系。在监察权力行使过程中，两者可以相互纠弹，存在制约关系。明朝的官厅审计和经济监察合二为一，刑部中的比部已经失去了独立审计的作用。

八、清朝会计组织制度——承袭与微调

(一) 会计思想基础

清朝的当权者认识到财计管理对于国家长治久安的重要性，因此更加注重理财思想的延续与发展。他们强调"量入为出"的财政原则，严格控制财政支出；同时注重财政资源的有效调配和利用，提高财政资金使用效率。通过实行耗羡归公、养廉银等制度来减少地方官员的贪污腐败行为，提高财政资源的利用效率；同时加强税收征管，确保税收收入的稳定增长，为国家财政提供有力支持。

(二) 会计组织

1. 中央

①中央会计组织

清朝继续沿用六部制度，户部作为国家财政的核心部门，其地位更加稳固。户部下设的民、度、金、仓四部，在职责上更加明确和细化。民部负责人口统计和户籍管理等工作；度支部门负责财政收支的核算与监督；金部负责货币流通和金融市场的管理；仓部则负责粮食等战略物资的储备与管理。

清朝进一步完善了国库管理和财政资源配置机制。通过设立专门的国库管理机构，如户部银库，确保国家财政资金的集中管理和统一调配。同时，加强对各项财政支出的审核和监督，确保财政资金使用效益的最大化。

②皇室财政

清朝皇室储备管理系统以内务府为核心，下设多个关键部门。广储司和六库负责皇家财物的储备与管理，以满足皇室日常需求和国家庆典的需求。会计司则提供精准的财务记录，确保物资进出有据可查，预防浪费与贪污。三院专注于皇家食物供应，保障皇室成员及宫廷人员的饮食。盛京内务府库藏作为战略储备基地，以应对可能的突发事件。

③中央监察

都察院作为中央监察机构，对全国范围内的财计活动进行全面监察，确保其合规性和真实性，为清朝财计组织的稳健运行提供有力保障。

2. 地方会计组织

清朝在地方财计管理方面，通过设置道台、知府、知县等地方官员，并明确其财计管理职责，实现了对地方财政的层层把控。同时推行耗羡归公、养廉银等制度，旨在减少地方官员的贪污腐败行为，提高财政资源的利用效率。

九、晚清时期会计组织制度——改革尝试

（一）会计思想基础

晚清时期，面对内忧外患的严峻形势，清政府开始尝试对财计组织制度进行改革。以"量出为入"和"自强求富"为目标，清政府推行洋务运动，引进西方先进的财政管理理念和技术，试图推动财计组织制度的现代化转型。

（二）会计组织

晚清政府在组织架构上也进行了现代化转型的尝试。通过设立专门负责财政管理的机构，如设立度支部（后改为财政部），来加强财政管理和监督。这些机构在职责上更加明确和细化，能够更好地适应现代化财政管理的需求。加强与国际财经界的交流与合作，引进西方先进的财政管理理念和技术，推动财计组织制度的现代化进程。

十、民国时期的会计组织制度——动荡与探索

（一）会计思想基础

民国时期，政治局势动荡不安，财计组织制度也经历了多次变革与尝试。民国政府通过设立财政部、审计部等机构来加强财政管理和监督；加强预算编制工作，提高预算的科学性和合理性；并设立专门机构负责审计监督工作，确保财计活动的真实性和合规性。这些措施的实施推动了民国时期财计组织制度的现代化进程。

（二）会计组织架构

民国时期，政府根据政治经济形势不断调整财计组织体系。例如，在南京临时政府时期，设立财政部，负责全国财政事务；在北洋政府时期，则因军阀割据导致财计管理混乱；而在南京国民政府时期，则相对重视财计管理工作，通过设立财政部、审计部等机构，加强对财政收支的监管和管理。

（三）审计、预算编制与国际视野的拓展

民国时期，政府开始关注国际财务报告准则等国际标准，并尝试将其引入国内财计实践。同时，设立专门机构负责审计监督工作，确保财计活动的真实性和合规性。

十一、中华人民共和国成立后会计组织制度——现代化转型

（一）会计思想基础

中华人民共和国成立后，财计组织制度在继承传统的基础上开始了现代化转型的历程。以"服务国家建设、促进经济发展"为目标，通过一系列改革措施，逐步建立了适应社会主义市场经济要求的现代化会计组织制度体系。

（二）会计组织架构

设立财政部等专业管理机构，负责全国财政事务的规划与执行；同时，地方各级财政部门建立了相应的组织机构，形成了上下贯通的财政运行体系。此外，还推广会计信息化和智能化技术，以提高会计工作的效率和质量。

（三）审计、经济监察与内部控制的强化

国家高度重视审计和经济监察工作，设立审计署等专门机构，由这些机构负责对政府财政收支进行全面审计监督；同时，加强内部控制体系建设，提高财务风险防范能力。

十二、中华人民共和国会计组织制度——深化创新与系统化完善

（一）财政部会计司的源起与发展

中华人民共和国成立时，会计工作亟须统一。著名会计学家安绍芸先生提出：要统一会计工作，先统一会计制度。根据这个意见，财政部于 1949 年 12 月 30 日设置了会计制度处，统管全国会计制度，由安绍芸任第一任处长。1950 年改称会计制度司，安绍芸

任第一任司长。1979 年 1 月，经国务院批准，停顿了 11 年半的会计制度司恢复。1982 年 10 月 29 日起更名为会计事务管理司。1994 年，根据国务院机构改革方案，改称会计司至今。1998 年，机构精简，原会计司的部分职能分离，设立中国会计准则委员会秘书处、全国会计专业技术资格考试办公室、中华会计函授学校总校和中国会计学会秘书处四个事业单位，仍由会计司分管。

（二）会计司主要职能

1. 政策、制度、管理

会计司管理全国会计工作；研究并提出会计改革和发展的政策建议；起草会计法律法规和国家统一的会计制度，并组织其贯彻实施；加强会计国际交流与合作，推动会计国际趋同和等效；制定并组织实施内部控制规范及相关实施办法。

2. 教育培训

会计司负责全国会计专业技术资格考试工作；开展全国高级会计领军（后备）人才的培养工作，指导会计人员的继续教育；组织全国会计人员的表彰和评比活动；制定注册会计师行业的发展规划和政策措施，并办理相关行政许可事项的审批、注册备案和管理工作；指导会计理论研究等工作。

（三）机构设置及职能

1. 综合处（含企业内部控制标准委员会秘书处）

职能：负责拟订全国性的会计法律、行政法规并组织其宣传和贯彻实施；拟订会计改革与发展规划；了解、检查会计工作情况，总结和交流会计工作经验；研究制定企业内部控制规范及实施办法、会计基础工作规范、代理记账机构管理办法，以及规范会计工作秩序的政策措施；指导和管理会计电算化；组织会计宣传及综合性报告、领导讲话的起草工作；对全国性会计学术团体的设立提出审查意见，管理和指导中国会计学会秘书处的有关工作。此外，负责人事、党务、工会、妇委会工作，以及文电收发、档案等行政管理和后勤保障工作。

2. 制度处

（1）制度一处

制度一处负责研究政府及非营利组织的会计改革问题，研究和拟订政府会计准则；制定和管理《事业单位会计准则》《事业单位会计制度》《民间非营利组织会计制度》，并制定和协调与《事业单位会计制度》相关的专业核算办法；研究、协调和处理事业单位和民间非营利组织有关会计问题；研究并拟订社会保险基金、住房公积金等会计制度。

（2）制度二处

制度二处负责制定和管理与非金融企业相关的会计准则、《企业会计制度》、《小企业会计制度》等会计制度，以及《企业财务会计报告条例》；研究、协调上市公司、国有企业和小企业有关会计政策和会计处理问题；督促检查非金融企业相关会计准则和会计制度的执行情况；分析并统计非金融上市公司和国有企业的会计信息；指导地方执行非金融企业相关会计准则和会计制度；审查并批准国务院有关部门根据《中华人民共和国会计法》规定制定的实施国家统一会计制度的具体办法或补充规定。

3. 会计人员管理处

会计人员管理处负责的业务包括：拟订并组织实施会计人才发展规划；拟订会计人员管理制度，管理村级会计委托代理业务，指导会计人员继续教育工作；拟订会计专业技术资格考试办法和高级会计师考评结合办法，监督和指导全国会计专业技术资格考试；组织实施全国高端会计人才培养工程、大中型企事业单位总会计师素质提升工程等高端会计人才培养工作；组织开展会计专业学位研究生教育工作；拟订并组织实施全国先进会计工作者表彰制度；负责会计人员职业道德建设；规范境外会计组织在华活动；承担国家会计学院董事会办公室工作；受理会计人员来信来访；领导交办的其他工作。

4. 准则处（含会计信息化委员会秘书处）

（1）准则一处

准则一处负责制定和管理与金融企业相关的会计准则和《金融企业会计制度》，涵盖商业银行、保险公司、证券公司、期货公司等的会计政策和处理；研究和解决金融工具、保险合同相关的会计问题；研究并协调金融会计准则与金融监管相关法规和政策的关系；督促和检查金融企业相关会计准则和会计制度的执行情况；分析和统计金融上市公司和国有金融企业的会计信息；指导地方执行金融企业相关会计准则和会计制度。

（2）准则二处（含财政部会计准则委员会办公室）

准则二处负责会计准则体系的规划和具体准则项目的管理，解释和宣传会计准则；汇编《企业会计准则》及其应用指南；研究并制定会计国际趋同与等效策略，负责内地与香港、中欧、中美等双边财经合作机制下等效认可谈判工作；负责与国际会计准则理事会等相关国际组织和主要国家的会计准则制定机构进行联络和意见反馈，组织翻译和汇编国际财务报告准则及相关教育资料以及其他国外会计资料，跟踪国外会计发展动态；负责会计准则委员会办公室的日常管理工作，管理会计准则委员会的网络，协调会计准则委员会的研究课题；负责外事工作和世界银行技术援助项目的管理，协调会计服务贸易的双边和多边谈判，负责制定和管理《农民专业合作社会计制度》和《村集体经济组织会计制度》等工作。

5. 注册会计师处

注册会计师处负责研究注册会计师行业的发展方向，制定行业发展规划和政策措施；研究制定和修订《注册会计师法》等相关法律、法规、规章和制度，并组织实施；依法对注册会计师、会计师事务所和注册会计师协会进行监督和指导；负责审批注册会计师执业准则和规则；代表政府部门负责注册会计师行业的对外交流与合作；负责注册会计师的注册备案和会计师事务所设立的审批备案，管理会计师事务所的特种执业资格和涉外相关行政许可事项，负责注册会计师行业的网上动态管理及其他日常管理工作。

 课后练习

1. 操作题

通过学习本节内容，在（　　）处填入合适关键词、语句，将下面的思维导图补充完整。

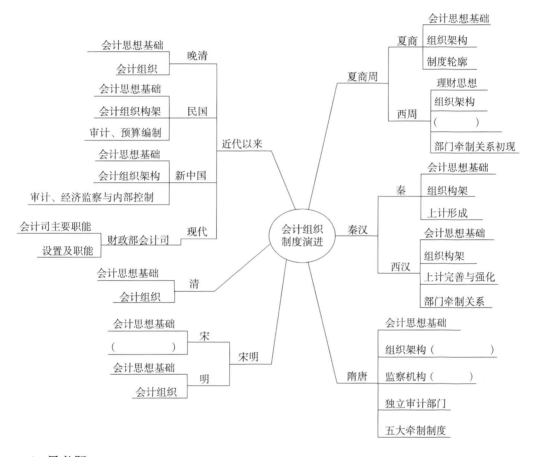

2. 思考题

会计组织制度如何保障国家财政的稳定？在不同历史时期，会计组织制度如何适应国家治理的需求进行变革？

第二节

会计法律制度演进

会计法律制度作为会计思想的法制化体现，是确保会计工作规范、有序运行的基石。它不仅为会计实践提供了坚实的法律支持，还制定了明确的操作规范，从而有效地维护了会计信息的准确性和公正性，进而为各利益相关方的权益构筑了一道坚实的防线。追溯中国古代，自《周礼》的法律条文起始，财计法律制度在漫长的演进过程中，不断融入并完善了牵制、审计及监察等法律制度，为后世财政管理制度的构建与发展提供了宝贵的经验和借鉴。

一、西周时期会计法律制度——后世会计法律基础

（一）法律起源与基础

西周时期的会计法律制度主要根植于《周礼》这一古代官制典籍之中。尽管《周礼》并非现代意义上的法律条文集合，但它详细记载了西周官厅在财计项目设置、财政收支原则、会计报告制度及国库管理等方面的具体规范，这些内容为后世会计法律制度的形成与发展奠定了坚实的基础。

（二）会计制度

西周官厅在财政管理上严格遵循"量入为出"的原则，即根据财政收入来确定财政支出，以确保财政收支的平衡。尽管西周没有明确的会计法律条文集合，但《周礼》中关于财计法律制度的记载相当详尽，主要包括以下几个方面：

1. 收支制度

（1）财政收入

"九贡"与"九赋"是西周的主要财政收入来源。"九贡"名义上是各地奴隶主贵族的朝贡，但实际上是强制性征集的非经常性收入；"九赋"则是国税收入的总称，包括田租、人头税等多种经常性收入形式。

（2）财政支出

"九式"规定了西周官厅的九项经常性支出，实行"对口收支"制度，确保专款专用。这些支出项目包括军费、官吏俸禄、祭祀费用等，旨在通过严格控制支出以达到节用的目的。

2. 会计报告制度

《周礼》详细规定了会计报告制度，包括旬报、月报与年报的编制与呈报流程。

司会负责整个会计报告的稽考工作，而宰夫则从审计角度对会计报告进行稽查。这一制度确保了会计信息的及时性和准确性，为周王奖惩官员提供了依据。

3. 国库制度

西周对国库粮食储备的管理极为重视，建立在国库制度与会计报告制度相关联的基础上，这两种制度在贯彻执行"以九式均节财用"与"量入为出"财政原则方面是完全一致的。

（1）国库粮食储备

通过会计报告制度掌握粮食储备情况，可确保国家粮食安全。例如，根据"三年耕，必有一年之食"的原则，确保每年有足够的粮食储备，以应对可能发生的灾害或紧急情况。

（2）国库粮食支配管理

在对国库粮食的支配管理中，将入库之总数划分为四个等份：粮食入与出安排的基本原则是，每一年度支出三份而储备一份。这样计算，每三个年度的储备便足够一年的用度。累计三十年总算一次，每三十年储备的粮食便可以满足十年的需求，这是小宰和大府所必须遵循的粮食储备制度安排。按闰月来计算，三十年起码要保证有九年的粮食储备。

4. 《周礼·考工记》工程营造的制度

（1）涉及领域

《周礼·考工记》最早系统地涉及青铜礼器制造、宫室和城邑营造等方面的设计、质量和核算等方面。

①器物设计制作及核算制度

早在中国西周时期，器物制作便特别强调设计中各种数据安排的合理性；在设计与制作方面也考虑到工匠与物料投入的计算，这与"周礼财计"制度的要求一致，一律将器物制作的成本和造价纳入会计核算。

②宫室营造设计、质量及核算制度

就宫室营造设计而言，不仅从会计核算的角度考虑，还更多地考虑到工程的营建质量。例如，在宫室营建中采用木架构承重时，已经采用了斗拱技术和"院落式"布局设计。西周的工程营造制度与设计方法已经形成，并具有中国古代建筑营造设计上所固有的特点。

（2）历史贡献与价值

《周礼·考工记》在春秋战国时期广泛流行，为当时的工程营建提供了详尽的规范与方法，填补了工程理论的空白，为后世奠定了坚实的基础。秦朝在修建万里长城时，深受《周礼·考工记》中城建规范与方法的引导，这一历史壮举便是其价值的直接体现。

《周礼·考工记》被誉为中国工程营造法式的开山之作，它标志着中国古代工程营造开始走向规范化、系统化的道路，为后世的工程营造活动提供了宝贵的参考和指导。

至两汉时期，《周礼·考工记》的思想发生了渐进式的转折，对于工程营造的工匠管理、材料选用、施工流程等方面都制定了详细的法规和规范，这些都可以看作《周礼·考工记》思想在两汉时期的延伸和发展。工程营造的组织制度与法律制度被纳入王朝的法律制度体系，这一转变提升了工程营造活动的地位，使其更加受到官方的重视和规范。

《周礼·考工记》的影响深远，直接影响了后世朝代与寺院的工程营造事项。例如，唐朝的《营缮令》与宋朝的《营造法式》等都深受其影响，成为中国古代工程营造的重要法规。

二、秦朝会计法律制度——高度集权下的法典式会计

（一）法律起源与基础

秦朝为了保障重要的政治和经济权力，从根基上着手建立了维护财政和经济稳定的财计法律制度，秦律中的财政、会计条款不仅详尽具体，还具有高度的权威性，为后世的会计法律制度奠定了基础。秦朝首创了中国的法典式财政和会计制度，由此提高了财政和经济治理的权威性，这是史无前例的进步。

（二）法律制度

1. 户籍制度

（1）原则

秦国时期的商鞅变法奠定了统一后秦朝"什伍"户籍编制单位的基础，并进一步强化了这种核算单位编制与审核的户籍制度，严格的户籍制度被赋予法律的权威性。户籍编制的内容与程序纳入法律条文，编报、执行与检查实行强制性原则，不执行者必然受到严厉惩罚。

（2）制度要求

秦朝对户籍编制的规定有层次上的要求，记录了各人员的年龄、身体特征与状况、出身，以及财产状况，包括：

①普通农民的户籍制度；

②特殊的户籍编制制度，如针对官吏所编制的"宦籍"，针对官吏子弟所编制的"弟子籍"，以及针对王族所编制的"宗室籍"等；

③针对商户控制所编制的"市籍"。

2. 赋税制度

秦朝在统一六国之后，由于地域范围扩大，国家财政和皇室财政收支均处于不断增加的状态，税种与收支名目日趋复杂化，这些都直接影响了秦朝的会计制度建设、会计分类以及分项考核标准的改进。

（1）原则

秦朝在强制性统一户籍制度的基础上，对赋税征纳名目有了充分的依据，使"量入为出"的财政原则贯彻执行更具针对性。

（2）赋税种类

①田赋、田租。国家对授田农户征税，基本上实行租税合一。

②口赋。口赋是根据人口数量征收的人头税。一般来说，按人收取钱币，钱币被分为单元，用畚或箕封存，并分期集中向上缴纳。口赋收入中的大部分上缴国家财政，用作军费支出。

③刍稿（稾）税。秦国时期，商鞅主持财政时便开始征收刍稿税，当时收取的刍稿用于军马饲养，还供给皇室和官吏所乘马匹的饲养食用。征收标准以石为基本计量单位，按亩确定。

④关市税与商品税。关市税的具体项目包括货物通关时征纳的关卡税与进入市场交易时征收的贸易税。商品税的征收对象包括商贾经营盐、铁、酒等商品的税收。当时，只有登记在"市籍"上的商人才能进入市场交易，对行商和坐商分别征税。由于这两项税收在财政收入中所占比重较大，因此征收程序严格，钱币收入入库也有严格要求。

⑤山海池泽税。山海池泽税的收入由少府（三公九卿中的少府）统一掌控，作为皇室财政支出的重要来源之一。其征收对象主要是伐木、采薪、放牧、捕鱼、采珠等方面的生产活动。

⑥其他杂项赋税。杂项赋税属于临时性征收，税项具有不确定性，例如"土贡"和"罚赋"等被列入此类计量记录和考核范围。

3. 法典式会计制度

睡虎地秦墓竹简《秦律十八种》为研究秦朝建立的法典式会计制度提供了充分的依据。

（1）对会计计量记录和考核的法律规定

秦朝十分注重会计计量记录和考核的正确性和可靠性，根据过失的细节和情节来追究法律责任，区分一般过失责任和重大过失责任，处分轻重得当，财计法律制度具有针对性。

在财物盘点和清查控制环节，坚持账账相符与账实相符。秦律规定：凡在盘点中发现财物多出或不足，一律视为不合法行为。

对会计计量单位之间的折算予以关注。例如，当时布帛被视为货币的一种形式，故布帛的标准受到法律的严格限定。

（2）对会计年度的法律规定

秦律规定，当年的收入必须在当年入账核算，不得跨期移至次年。对开支的规定与收入相同。秦以每年十月为岁首，以此确定每一会计年度的核算口径，保障"上计"报告编制的正确性。

在官府所属部门之间进行财物转运调拨时，秦律会在时间界限上注意测算运达目的地的距离与时间，以考虑是否能赶上当年的结账；如果在途财物不能在结算期内运达，便必须将这批财物计入下一年。

秦律对具有不确定性的事项处理具有客观性，根据不同情况做出恰当处理，以避免立法与实际情况不符。

（3）对财物损失的法律规定

秦律中对官府财物的损失和损耗有详细规定，涉及一些细小环节。秦简中提到的"为用书"指的是报损凭证，会计上可以以此为依据在账目记录中进行报损处理。如果是老百姓借用官府器具造成财产损失，应予以惩罚。同时，还要追究相关主管人和经办官吏的连带责任，并责令他们代为赔偿。重大财产损失事项的处理非常严格。

①粮仓损失的处理。凡国家粮仓发生漏雨事故，导致粮谷腐败毁损而不可食用，对于不满百石的情况，应对主管官吏发出严重警告并严加斥责。对于达到一百石至一千石的情况，罚主管官吏一甲。如果超过一千石，则罚交二甲，并责令主管官与众仓吏共同赔偿损失。如果其中的一部分粮食仍可食用，则从应赔偿数额中扣除。

②畜产品的损失处理。秦律规定，放牧牛、马的官吏如发生牛、马死亡情况，须及时向上级主管部门报告，经过有关官员现场验核确认后，方可作报损处理。并且在报损时，须将死亡牛、马的躯体如数及时上缴。如因延误上缴时间，未能及时上缴，导致腐败不可再利用时，责任官员须按当时的市价赔偿，而不得作报损处理。

秦律对厩苑还有进一步规定：凡大厩、中厩与府厩发生牛、马死亡，应按牛、马的筋、革、皮、角与肉的时价计算并呈报，由领牧官亲自送达上级主管部门处理。

凡官府的牛、马在驾驶过程中死于某县，应由该县官员负责宰杀并将肉出售，连同筋、革、角一起将肉价上缴。倘若验收时发生短少，应责令责任官吏赔偿短少数额。从会计程序上也应及时上报，以便及时注销账目。

秦律规定，每年须对各官衙驾车用的牛进行考核。如果按规定配备十头牛以下的单位，在一年内死亡三头以上，便须依次认定主管车的史和饲养牛的徒、令、丞有罪。

官府收藏的皮革，主管人员须负责按时曝晒。如果因失职造成皮革被虫蛀损，便认定有罪，应罚主管官员一甲。

（4）对定额执行及费用标准的法律规定

工匠的生产数量、粮食拨付加工环节、饲养牛马过程中的饲料耗用、服役人员的口粮限定等，所涉及官府费用开支都会受到严格控制。这种"以小见大"的思想体现了秦朝法典式会计制度中的先进立法理念。

（5）对仓储管理与核算的法律规定

粮食以一万石为一"积"进行储存，"积"与"积"之间用篱笆隔开，并分别设置仓门，作为仓库会计核算的基本单元。

①开仓发放粮谷规定。一个"积"发完后才能开启另一个"积"，一个仓库发完后才能开启另一个仓库，这是法定程序。需要写明责任官员的姓名，具体书写格式与粮谷入仓时的记录一致。

②上仓人员的规定。秦律特别注重明确上仓人员的责任关系。上仓人员在工作期间不得更换，必须明确其责任。

（6）对商品交易及钱币收取的法律规定

①商品交易明码实价。秦律坚持商品交易明码实价原则。商人在交易中所使用的钱币必须是官府认可的钱与布。无论是商人还是政府官吏，都不得选择使用其他钱币或布，否则将被认定为有罪。

②收取钱币的规定。所有手工业者在出售产品并收取钱币时，必须立即将钱投入陶制容器内，并让买家看到投入过程。否则将被认定为违法，罚款一甲。

对于官府内部收得的钱币，财计部门必须按照每千钱一畚的标准进行存放。达到一定数量后，须由丞、令加印封存。优质钱与劣质钱必须分开存放。

（7）对财用细节开支的法律规定

对财用细节的控制是秦律的一大特点和进步，这在国家财政管理史上也是前所未有的。

①饲养规定。秦律强调：尽管出于安全保护的需要养狗，但养狗的数量必须有限制，不得额外增加开支。对于肉食品生产环节，只有一部分小猪和小鸡纳入饲养范围，多余的应及时出售。销售收入的钱币应单独记账，即"别计其钱"。

②报废处理规定。在家具和用具修理环节，秦律不允许轻易报废，而是坚持修复再用的原则。只有对那些确实无法修复再用的物品，才允许报废处理，但必须考虑废物利用。

③官员及吏的口粮规定。对于那些已按月领取口粮的人员，无论是因公出差还是休假未归，财计部门必须注意停发其下个月的口粮。当都官的吏和一般人员外出时，应由出差目的地的县先行垫支口粮，并以文书形式通知原县停发口粮。如果他们在原县也领取了口粮，必须责令其退还。

（8）有关"上计"的法律规定。秦的"计所"负责主持全国会计工作，是组织年终"上计"的官署。秦律中有许多规定涉及"上计"制度、方法和程序，表明秦朝对"上计"的重视。

①会计轧账期的规定。秦律中对会计轧账期的严格规定，是为了确保"上计"的真实性和正确性。

②上计人的相关规定。"里耶秦简"中提到"八人与吏上计"，这表明郡县的上计吏会带领经过挑选且有一定水平的人进京上报。各县官吏和人员领取的口粮是一笔相当大的

开支。在实际操作过程中，由于人员进出频繁，收入数额较大，而发放时又分散且零星，因此粮食在入库、出库及剩余环节容易出现问题。因此，这项开支的结果应当成为"上计"审核的重点。

（三）会计法律制度的历史贡献和意义

其一，建立了严格的户籍与赋税制度，为国家的财政收支提供了可靠依据，强化了国家对经济的控制力。

其二，通过法典式会计制度的实施，规范了会计计量、记录、考核的标准与程序，提高了会计信息的准确性和可靠性，为后世会计制度的发展奠定了基础。

其三，对财物损失、费用标准、仓储管理、商品交易等细节进行了详尽的法律规定，体现了秦律对财政经济活动的全面监管，有效控制了国家财物的损耗与滥用。

其四，"上计"制度的严格实施，加强了中央对地方财政的审核与监督，维护了国家财政的统一与稳定，对后世财政管理制度产生了深远影响。

三、西汉会计法律制度——完善

（一）法律起源与基础

西汉会计法律制度的起源可以追溯到秦朝，秦朝首创了法典式的财政和会计制度，为后世提供了重要的法律基础。西汉在继承秦朝制度的基础上，进一步发展和完善了会计法律体系，使之更加适应当时的社会经济环境。西汉的会计法律制度主要依托《上计律》等单行法律条文，这些条文不仅具有考核官吏的针对性和切实性，还系统地规定了会计事务的各个方面，为会计实践提供了法律保障。

（二）会计法律制度

1. 上计制度

西汉的《上计律》，属于单行法律条文，具有考核官吏的针对性与切实性。西汉官厅分作两个阶段实行"上计"制度，从形式到内容都比以往正规。

（1）准备阶段

为开展全国性系统"上计"的准备阶段，是以各郡国"上计"报告为依据对其所辖县进行定期考核的阶段。凡郡举行集课会议，要求所属各县或道的令、长、丞、尉一律参加，会议由郡丞主持。

首先审查所呈送的"上计"报告，如发现报告中的问题，要求县或道的主管官员回答。

其次是由郡丞主持进行对所属县或道的会计报告汇总，为诣京"上计"做好一郡会计报告编制的准备。

郡一级召集属下进行的会议，只是岁终诣京"上计"的一个过程。

（2）赴京呈送年度会计报告

郡国诣京"上计"，与守丞和长史随行的还有上计掾和上计吏，一并称为"上计掾吏"。守丞主持过郡一级的"上计"会议，了解一郡"上计"的情况，故由其带一郡成员赴京"上计"，便能把每个阶段的"上计"衔接起来，保持系统"上计"中的一致性。

（3）上计中的财计牵制关系

主持中央一级"上计"事务的是丞相和御史大夫。在这一过程中，御史大夫与丞相之间形成一种财计牵制关系。这种通过"上计"制度建立的财计牵制关系，是中央实现财政经济集权的重要手段。

大司农负责各郡"上计"报告的汇总，并考核"上计"报告中的得失。考核结果汇报于丞相，以作为丞相向皇帝奏报的依据。御史大夫对"上计"报告进行监察，其工作性质具有外部审计的作用。监察真伪，揭示问题，作为向皇帝奏报的另一方面依据。

2. 受计制度

汉武帝时期开始实行"上计"制度，受计属于正常"上计"举行的一种仪式，在这种仪式上，汉武帝接受大司农的奏报，并根据奏报内容对官员进行论功行赏或论过错处治，决定主管官员的升迁或罢免。

（1）对会计年度的法律规定

汉武帝时期，受计郡国"上计"已有审核初步结果，关于人户、田土与钱谷状况已经明确，对于主管官吏的政绩或过失也有正确的判断。汉武帝初用农历夏正，改行以正月为岁首，顺应春、夏、秋、冬四时，确定以农历年度为会计年度。自此，在会计报告编制时限方面，严格坚持"计断于十二月"的会计原则，这是会计决算上的一个很大的进步。

（2）"上计簿"相关的法律规定

汉武帝时期，"上计"制度执行受到重视，"上计簿"最终作为对官吏进行考核的依据，其依据以丞相与御史大夫审定之后的"上计簿"为准，丞相与御史大夫的意见如相左，则奏请皇帝做出决断。"上计簿"是考评的重要依据之一，其真实性决定着考评结论的正确性。

3. "与计偕"制度

西汉承秦之制，在"上计"中实行"与计偕"制度。郡国上计官吏为回答上司针对"上计簿"审查提出的问题而携带的有关文件、向朝廷申报的相关簿籍与对重要会计事项能起证明作用的凭证、贡奉物品也一并带去，郡国向中央推举的孝廉之类人才，也可相随而行，秦汉时称这种办法为"计偕"，这个时期"与计偕"的要求与内容又进一步明确。

4. 其他呈报

除年报之外，西汉官厅对所属中央各部门及其郡县，视情况而定，也有"月言簿"与"四时簿"编报与呈送要求，对这些月报与季报编报与审定，是岁终进行年度"上计"的基础。

四、隋唐会计法律制度——会计立法高度重视

（一）法律起源与基础

隋唐时期，随着封建政治、经济、军事和文化的高度发展，财计法律制度进入了集大成阶段。唐朝尤为突出，《唐律疏议》作为古代具有代表性意义的法典，对会计立法建制给予了高度重视。这些法律条文不仅继承了前代尤其是秦、汉的财计法律制度，还在此基础上进行了系统的扩展和完善，为后世提供了宝贵的法律基础。

（二）会计法律制度

1. 户籍法律制度

《唐律疏议》中，有十一条属于户籍、计账方面的规定，其他相关历史文献也将有关户令的内容列于首位，足见唐律对称之为国家赋税之基的户籍、计账立法建制的高度重视。

（1）手实编制

手实编制是户籍与计账制度执行的基础，其正确性、及时性与准确性直接取决于手实的编制质量。而手实的正确编制又依赖于"团貌"这一程序。

团貌是对人户实际状况的直接调查，旨在核定农户的原始状态，并据此产生"貌定簿"。该簿作为原始依据用于编制手实，并受到唐律法令的保护。县令是确保团貌正确性与真实性的责任人，团貌结果一经确定，不得更改。团貌程序完成后，由里正组织相关人员协助农户办理手实编制。

（2）手实与户籍编造的关系

造籍时间具有统一性，规定每三年为一次造籍之年。

户籍与手实、计账直接相关，县级提交的依据集中于州级编造。

户籍编造以乡为基本单位，户籍档案分三处保管，以备查验。手实与计账需保存十五年。

户籍骑缝处需注明州、县、年份，并分别用印，以证明编造责任及合法性。

特别交代事项需在户籍上加注，如籍角内容的列示等。

（3）户贴制度

唐朝后期为稳固赋役征派，实行了户贴管理方式。户贴作为纳税派役的原始凭证，将

土地、人户与赋役关联起来。户贴的派发涉及中央至县级的各行政层次，制度化且受到唐律保障。户贴的应用显著改善了赋役征派状况，对财政经济起到稳定作用，并对后世产生了良好影响。

2. **计账法律制度**

（1）《计帐式》作为国家财计部门的"常守之法"，主要包含乡账和计账两种文书。

乡账：手实，作为户籍与计账的基础。以乡为单位。检核并汇总辖区内各里的手实，通过抄录誊正，形成乡账，即乡一级的户籍。

计账：手实与乡账作为编制依据，对下一财政会计年度农业部分财政收入的预算。

（2）计账的汇总与运用

送达户部，户部汇总全国计账，作为确定下一财政会计年度农业收入预算与掌握农业户籍变化情况的依据。

送达度支，度支以此为依据，掌握下一财政会计年度来自农业方面的预算收入之数。

（3）控制工商业各类籍制的形成

受传统"本""末"财政思想的影响，编籍时把手工业与商业列作另类，在定性上将其纳入杂色之流，分别编籍，分别管理。

①匠籍制。《唐六典》称其为：工、商皆谓家专其业以求利者。作为世袭性质的户籍，纳入永久性档案，终身不得改籍。

②团头火长制。按行政区划分纳入类似府兵制的准军事编制，据籍随时征集派用。

③市籍制。凡进入市场列肆进行交易者，必先入市籍。由市场主管部门负责登记统计，列示工商户姓名、住所与资财。入市交易者需照章纳税，接受差遣远役、色役等。

④供进簿制。登记善于织锦织绫的工匠。划分为"织锦户""贡绫户"等类别。

3. **均田法律制度**

均田制是唐朝的一项重要制度，其核心指导思想在于增补田地并实施轻徭薄税，旨在将官田与荒地分配给无地或少地的农民，以保障农民的基本生产资料，同时减轻农民的过重负担，使他们得以休养生息。这一制度对当时社会的安定起到了显著作用，它有效遏制了土地兼并现象，保障了农民的土地权益，促进了农业生产的发展。

（1）均田制的标准

计量标准：唐朝官方以亩制作为均田丈量与计量的统一标准，这是合理推行均田制的前提条件。

受田对象的划分：依据户籍制度，对受田对象的年龄进行了明确划分，严格把握了人户中的年龄结构，以确保青壮年能够充分获得田地，而青壮年以下的受田则依次酌减。

田地的继承与买卖：永业田可以传承给子孙，但口分田在人亡故后需立即收回，两者界限严格区分。唐朝均田制强调，农户所受的田地原则上不得随意买卖，以便于农户耕种。

（2）各阶级受田标准

府兵制下的士兵：实行兵农合一，耕战兼顾。士兵若阵亡、伤残或流落，其所受的田地不减少或收回，以示抚恤。

贵族与官吏：对于地方官吏所受的公廨田，也按照级别给予不同数量的田地。

僧道与有工商籍的民户：唐朝在法律上承认寺院占田的合法性，这促进了唐朝寺院经济的发展。同时，将有工商户籍的业户也纳入受田范围，显示了唐朝均田制的广泛性。

其他规定：一般妇人不受田，但寡妻妾可受田。唐朝取消了对奴婢与牛的受田，同时增加了对道士、僧尼以及有工商户籍者的受田。

4. 租庸调法律制度

租庸调制是唐朝在均田制基础上建立起来的一种税制，其核心原则是"以人丁为本"。政府根据受田记录向百姓征税，将土地、户籍、计账及人等要素紧密结合，无论贫富，原则上一律按定额缴纳租庸调，但也有一定的灵活性和减免政策。唐初，这一税制被称为租庸调法，其课税标准与税制上的租庸调计算标准相一致。

（1）租庸调的构成

租：指田租，每年需缴纳粟二石。

庸：指劳役，每年需替朝廷服劳役二十日。

调：即户调，按户征收一定数量的农产品，如麻布、丝、绢等。

（2）租庸调的优点

租庸调制具有一定的灵活性。例如，允许百姓缴纳丝绢以代替劳役；在国家需要百姓服役时，如果加役超过十五天，则免其调；加役超过三十天，则同时免除租和调。此外，在出现自然灾害的情况下，也有相应的减免政策：农作物损失十分之四以上免租，损失十分之六以上免调，损失十分之七以上则全免。租庸调各自所定标准明确，可完全纳入计量记录与检查范围，政策实行的可操作性强。

（3）租庸调的变化

①调整庸调。唐高祖下诏，保持租的计税标准不变，并进一步明确了派役和代役的规定。这些调整既带来了计量记录方面的复杂性与不确定性，也增加了财计分析的难度。

②调整租庸调。

租不变：唐玄宗下诏，保持租的征纳标准不变，调随物产征纳，各类标准变化也不大，主要变化反映在输纳品种上。这有利于全国会计计量记录标准的统一。

庸代役：以庸代役有助于减轻徭役。农户可以选择纳绢或布代役，代役一天，纳绢三尺，便于折算。同时，对额外加役也有限定，每个会计年度不得超过三十天。这些改变都体现了制度改进中的进步。

在租税征纳方面，视粮粟收获季节而定，夏收时开验，冬季入库收藏，初春之际结束。调与庸则在秋天验收，至冬末由各州调运入京。租庸调输纳过程中发生的费用由农民负担，入仓之钱粮与其他财物在财计上属于净收入。总体上，唐朝的租庸调制体现了"重役轻税"的特点，在比例关系上，丁庸之征纳居于首位。

5. 两税法律制度

（1）量出制入的财政原则

随着均田制的严重破坏，赋役混乱，人户大量流失，国库空虚。唐德宗任命杨炎为宰相，他一反传统"量入为出"的制度，倡导推行两税法，以"量出制入"作为财政的总原则。具体而言，他强调先计量国家每年所需的经费，然后规定相应的科征收入以满足国家经费支出的要求。

（2）两税法的内容

两税法的基本精神体现在由以实物为征纳对象的阶段，转变到以货币为征纳对象的阶段，这一转变对国家财政和官厅会计产生了实质性的影响和作用。

两税法确定了夏秋两季为征税时间，这正好是农业收获季节，因此两税之征适得其时。课税定额以大历十四年（779年）全国各项税收的总和为依据，而征纳对象则以这一年所掌握的垦田数为基准。

两税法规定按户纳钱，按田亩征纳米粟。在具体完纳时，实物中的相当大一部分要折合成绢、帛，而另外一部分则是货币。

（3）两税三分制与中央地方财政收入分配

①实行两税法三分制。唐朝实行了"上供、送使、留州"的制度。唐中央一方面赋予诸道节度使与州刺史等官员一定的财政实权，另一方面又对其财政实权加以限制，试图以此达到权力制衡。

②打破了两税三分制。在晚唐阶段，中央集权趋于衰落，最终严重衰弱。藩镇借助军事力量架空了中央集权，对地方行之有效的统治也走到了尽头。

（4）两税法的作用、优点及存在的问题

两税法的推行推动了会计方法的改进。德宗时每年国库纳钱约三千多万缗，这在会计考核环节进行计量、换算、折算以及应用货币的综合计算能力等方面都提出了更高的要求，推动了唐代官厅会计的发展。

两税法改传统财政"量入为出"原则为"量出制入"原则，这种以支定收的财政指导思想在一定程度上制止了滥征苛敛，缓解了当权者与农户的矛盾，并推动了中式会计进一步朝着科学方向发展。

两税法规定按户等纳钱，用钱确定部分税额，在会计货币计量史上是一个突破。这显著提高了应用货币量度进行综合计算的水平。

两税法简化了赋役征派项目，改进了征纳手续，减少了违法行为。

两税法减少了纳税中的不确定性因素，改善了会计考核对纳税事项的确认与及时、准确进行计量记录的能力，并提高了分类汇总编报水平。两税法通过明确税收标准和程序，提高了税收管理的效率和准确性。

两税法缩小了免税免役特权，暴露了征纳中庇荫人户的现象。两税法减少了特权阶层的免税免役特权，使税收更加公平。

两税法解决了游商不合法避税问题，为当时均衡纳税负担创造了有利的条件，并扩大了纳税范围，增加了财政收入。

两税法主要存在两个方面的问题。①"量出为入"导致税收扩大，增加了税户及农户的负担。在封建自然经济占主导地位的社会环境下，提出"量出为入"的财政方针易于在农业第一线产生财计管理漏洞，额外增加税户的负担。②计税不实。自推行两税法之后，官府长期不查核资产与不实行检核制度，又因计税基础失实造成了纳税负担不均、会计核算与编报不实的后果。

6. 预算法律制度

唐朝，作为中国封建自然经济繁荣发展的时期，国家疆域辽阔，人口与耕地不断增加，军队扩展，行政机构与官吏增多，财政收支结构趋于复杂化。从国家预算制度实行方面讲，唐朝进入具有转折性意义的时期。

（1）预算规定

①制定的依据。唐朝前期，户籍和计账是预算下一会计年度租庸调收入的重要依据。以计账为基础的财政收入预算制度具有科学性，实施可靠。

②度支负责收入预算执行。度支以收定支，依令支配用度。收入预算由户部交由度支执行，坚持"量入为出"的财政原则。预算依令式下达，度支需遵照令式要求执行。度支以计账确定下一会计年度的课役，以收定支，依令式支配用度。这一做法使国家对收入预算的控制具有法定意义，是预算制度执行中的实质性进步。同时，度支按规定支配用度，使收入预算落实到合规性支出方面，实现了收支在法令支配下的统一。

③预算编制依据是"八月都账"。唐朝规定，国家对课役的预算编制截止日为十月三十日。这一规定不仅按照一个会计年度来确定，还考虑到了与决算截止日期的统一问题。唐朝前期对财政支出预算的确定依据是"八月都账"。各级财政支出单位需于每个会计年度的八月上旬上呈"都账"，报告本年度各项财物已用与结余之数。余数不得在本期内移作他用，以便经过勾检核定列入下一会计年度拨付之数内。

④预算支出的流程。度支需在十月三十日前确定下一会计年度的预算支出计划，并将此计划申报户部。户部参照会计报告年度中所提交的数据进行审核与调整，核定下一会计年度的支出预算。核定与调整之后，户部再将预算下达度支。度支根据"量入为出"的财政原则，将收入部分预算与支出部分预算总合起来进行比较分析，寻求平衡点，最终确定下一会计年度的预算。这一预算经过门下省审议与比部审计之后申闻，最终由皇帝批示立案执行。

⑤预算制度的历史意义。新会计年度预算是建立在财政收入与支出比照考量基础之上的。这一做法意味着中国古代全面预算原理与实践的开始建立。其手续程序全面而系统，预算成立与审批过程健全而科学。这是唐朝全面预算制度在起点之际的进步。

（2）《长行旨符》

唐玄宗时期，作为度支执行会计预算依据的《长行旨符》下达。为体现度支行旨特征，《长行旨符》又被称为《度支长行旨》。该制度以律令形式将预算编制确定下来，改变了"缘无定额，支税不常"的不良状况。它达到了"人知定准，政必有常"的预算控制目标，有效改进了中央预算与地方预算的统一性和一致性。

《长行旨符》删繁就简，解除了烦琐的预算程序，大幅度减少了在广阔疆土上往返奔波之苦。它显著简化了预算编制过程，提高了呈报的时效性，节省了编制用纸，降低了预算编制成本。在财计管理上，《长行旨符》起到了一定作用。它开创了中国古代出入预算双向控制的先例，是中国预算制度发展史上的重要进步。相对于唐朝前期的高度集中的预算管理体制，《长行旨符》编制制度体现了对预算制度的改革，反映了唐朝在预算制度建立与执行方面的新进步。

（3）两税法推行时期预算制度的改变

实行两税法之后，"量出以制入"的财政思想与原则被提出。这一变化改变了唐朝以往的预算制度，将国家预算建立的支点放在了支出方面。中央财计部门曾通过《起请条》进一步规范两税预算新制。这一制度针对以往预算制度进行了调整，并改变了国家财政出与入的关系。在封建自然经济繁荣发展时期，唐朝实行"量出以制入"的财政原则。这一做法在预算编制上具有积极意义，两税三分制在世界财政思想史上占有重要地位，是值得一书的重要制度创新。

7. 财计监察与独立审计的法律制度

（1）监察与审计的关联与牵制

唐朝并行财计监察与独立审计制度，二者各有侧重，又相互关联，共同构成国家财计控制体系，其间建立了财计管理牵制关系。

（2）御史台的财计监察职责

御史台作为常规财计监察的主要部门，位高权重，掌控纲纪。其行使财计监察大权依据国家财计律令格式，如《度支式》等，具有法律制度控制的层次性。御史具有最终决断权力，其中察院与殿院为主要监察部门，负责监察中央与地方政府的财计事项处理执行情况。

御史行使财计监察权主要涉及两方面：一是对国库的专项监察，以国库季报为主，涉及月账与旬账，体现日常性监察；二是对州县财计的巡按监察，包括财政、会计、仓储等方面，旨在追究违法违纪行为。

（3）比部的独立审计职责

比部是唐朝执行官厅独立审计的部门，具有司法独立审计性质，对国家财计审计具有独立性与权威性。其职责包括：①审计会计账簿设置的完整性、账面记录的准确性，以及财物出纳责任关系的交代情况。②进行勾账，涉及每日、旬度、月度的勾稽，对季度报告进行基础性考核，并进行连续性的季账勾考。

审计对象重点是户部四曹，特别是国库系统，包括金部与太府寺、仓部与司农寺，重点审计出纳、会计、仓储管理方面。

审计程序为先内审后外审，内审环节包括金部与太府寺、仓部与司农寺之间以及度支的内审，然后报请户部送达比部进行外审。

（4）会计报告的监察与审计流程

年报经度支汇总后，先进行内部审计，再报请都省而后奏报。

年度会计报告附件分送御史台和刑部后，由察院进行监察性审查，由比部进行独立审计。

监察与审计针对会计报告中的问题行使勾覆与签署之权（在比部），纠举弹劾之权（在御史台）。

涉及粮谷数的呈报，除向度支报告外，还须向仓部报告。

（5）比部审计重点与度支与金、仓部勘会

比部审计重点包括：勾稽审定定额留州之数，审计各项支出的合规性，核准本期财物的结余数。度支与金部、仓部会依据支出预算和钱粮拨付指令，目标为预算支出的合规性和支出指令与账实结果的一致性。勘会的奏销必须建立在证账实与会计报告一致的基础上，这也是御史监察与比部审计的重点和结论展开的重点。

（6）会计记录的一致性

唐朝财计运作始终保持国库出纳和会计计量记录与考核的一致性。预算支出单位的报告中多见"破用"（本期支出）与"见在"（本期结余）两柱。

8. 朝集制与朝集考课制

唐朝贞观年间，朝集制取代了上计制，朝集使传承了上计吏的大部分职能。在史书中，朝集之事或朝集人员仍被称为"入计""计吏"。然而，唐朝的朝集制并不等同于上计制。此时，唐朝官厅的会计报告编制、汇总与奏报，以及监察与审计，已在对国家财计管理中达到专门化，成为财计管理组织系统内的工作，这是与以往上计制的不同之处，也是朝集制的独立之处。朝集制更加制度化、专业化，是国家财计管理体系的一部分，而上计制更多是地方对中央的财政汇报制度。

（1）朝集使团在京期间的主要活动

①参加元日朝会礼仪活动。朝集使参加朝廷举办的元日朝会（唐朝正月初一，称"元日""元旦"或"元正"等。"元日"是唐代的重要节日，属于官方的重大活动，是一个庄严盛大的仪式），朝拜皇帝、太子及京都内的重要官员，仪式隆重。期间，各州朝集使将本州贡献陈列于大殿外展示。

②述职并接受中央考课。朝集使需述职并接受中央的考课，考课活动又被称为"考使"或"考典"。朝廷对京官和朝集使的考课同时进行，考官分别委派，考课结果各自上报，考课程序与方法基本相同。通常上佐代表地方进京朝集，负责向朝廷如实报告一年情况。若考课中所报告的内容核查不实，朝廷将根据《考课令》对上佐进行处罚。考课内容主要包括考课年度内人户增减状况、赋税征纳情况，以及其他与财计相关事项，这是衡量官吏业绩或问题的重要内容。对地方官在户籍人口方面的治绩，还采用评分方法进行评价。财计始终是考课评判官吏的重要内容，关注上一个财政会计年度的户籍状况，关心下一财政会计年度的财政收入。无论考课制度与方式如何变化，当权者始终离不开对官吏财计业绩与问题的考核及评定。

（2）朝集制的作用

唐朝的朝集制体现了中央对地方的集权控制，其重点是对财政会计的集权控制。由上计制转变为朝集制后，从专门化、系统化管理与综合性考核两方面进一步强化了国家对财计的集权控制。唐朝的管理控制重心由财政移至人事，但财计业绩仍然是衡量人事及其组织的重要依据。

9. 唐朝仓储法律制度

唐朝的仓储制度涵盖了国库收纳、支给、储备与调运等多个环节，由度支、金部、仓部以及太府寺与司农寺等部门共同管理。律文对各管理部门与环节的控制是全方位且一致的。唐宪宗时期，仓廪类型多样，各具功能。

唐朝官厅的仓储系统分六类，根据用途将其细分为正仓、转运仓、太仓、军仓、常平仓与义仓。正仓主要用于储存国家税收所得的粮食；转运仓用于中转运输过程中的临时储存；太仓则是皇家专用的仓库；军仓用于储存军队所需的物资；常平仓用于调节市场供需，稳定物价；义仓则主要用于救济灾荒。

10. 漕运制度与盐铁专卖法律制度

（1）漕运制度

唐朝的漕运制度设计科学合理，运输通畅便捷，成为国家财政的战略性设施与社会经济调剂的系统工程。相关管理部门包括水部、都水监等水利管理部门，与漕运疏通相关的工程部门，以及农圃监等仓廪、运漕相关部门。在中央层面，漕运与户部尚书及其下属的度支、仓部、司农寺的组织、指挥、协调密切相关。

（2）盐政

唐前期，实行不课税政策，盐政机构以满足皇室与官府食盐需求为主，委派专官采买与管理，并进行专项核算与检校。唐初掌理盐政的部门为太府寺。

安史之乱后，由于财政拮据，唐朝以专卖制取代税盐制。刘晏兼任盐铁使与漕运使，将盐政与漕运视为一体，以盐政收入资助漕运，并通过漕运实现食盐的及时输送。

（3）铁与茶、酒税制度

铁：唐朝未将铁全面纳入专卖，但规定铜、铅、锡由国家统一收购，私户不得经手。

茶：唐朝注重茶的纳税环节，于州县设置纳税机构，并在茶山集中之处和商人必经之地设置税坊，严惩贩运私茶偷税者。

酒税：规定未登记入册纳税的人户，无论官私，均不得酿酒出售。后按规模将全国酒坊划分为三等，按其级别逐月纳税。

11. 货币法律制度

（1）法定金属货币

唐朝时期，法定货币逐渐过渡到以金属货币为本位，并作为会计的主要计量单位。

开元通宝：唐朝以"开元通宝"取代"五铢钱"，成为后世铸钱的参照标准。开元通宝规范铸造及其在流通中形成的权威性，对会计方法的改进与发展具有重要意义。其确立的货币流通制度，简化了重量的折算关系，将形制标准单位纳入会计计算范围，促进了会计计量记录水平的提高。

白银：虽然白银尚未成为法定的本位币，但其对金属货币的冲击已不可忽视。白银在唐朝中叶开始成为事实上的货币，并迅速发展，至晚唐已成为实际上的本位货币。白银具有储藏价值，可用于储备财富和大额支付。唐朝岭南与西域已将金银用于货币流通，为白银进入流通领域奠定了基础。

（2）其他法定货币

唐朝还存在布、帛、谷、粟等法定实物货币形式，它们与开元通宝具有同等货币资格。然而，正式进入流通领域的仅为布、帛，它们在官厅会计计量记录中也曾出现。在法律上，布、帛是评判赃物价值与确认劳动价值及资产价值的量度标准。

12. 财计勾检法律制度

唐朝的勾检制度是中央行政系统实施的一项系统监管工程。

（1）含义

《唐律疏议》称："检者，谓发辰检稽失，诸司录事之类。勾者，署名勾讫，录事参军之类。"勾检稽失，简称"勾稽"，是勾检官针对国家财计部门集中行使的职能。勾检制度的目标集中于各级行政官吏处理各种政务所形成的文案。

（2）目标

勾稽检校的目标是确保文案的合规性、正确性，发现错误必当检举揭示，以保障国家财政经济的稳固。

（3）职能部门

勾检的职能部门集中于尚书都省，由其自上而下进行系统勾检。京师诸司与诸州府逐级都设有勾官，勾官设置的普遍性决定了唐朝勾检制度施行的普遍性。

（4）勾检事项

勾检事项主要包括考核官吏执行政务的办事效率，作为评价其政绩或劣绩的一个重要方面；检查官吏处理公务的正确性，以评价其履行职责的状况。

13. 财计犯罪与过失方面的法令

（1）含义

唐承隋进一步把国家的行政法律制度系统化、层次化，以"令"为行政上的首要法规，以"式"作为根据"令"派生出来的办事须遵循的程序与形式上的公文格式，以"格"作为执行之中对"令""式"的辅助。

（2）财计官吏管理的法律制度

《开元令》系统规定了官品、职员、职事、考课。六部财计组织制度中，以户部的令、式、格为重。独立审计组织以刑部中的比部为重。户部（本司）、度支、金部、仓部是实行规制的重要财计职权目标。"格"的具体规定涉及太府寺、司农寺，包括计账环节与国库账务处理，对防范官吏犯罪具有针对性作用。

（3）指示官吏执行财计事项的法律制度

《唐律疏议》规定了赋役、厩库环节可能发生的犯罪事项，以及贼盗、诈伪等方面的犯罪内容。

《开元令》具体地指示了官吏需认清的内容，包括人户、赋役、仓库、厩库、关市与营缮的诸多令式，以及可能发生的犯罪事项。特别是《田令》中关于土地买卖，《杂令》中关于公私借贷与契约签订的规定，具有教导官吏守法的启示性作用。

（4）关于保护国家财产的法律制度

唐朝关于财计的一些法令明确保护公私财产所有权不受侵害，以此稳定国家财政经济的基础，维护社会经济的正常发展。

①关于保护契约之债的规定，已成为保障公有财产最基本的法律原则。先公而后私的指导思想，把国家所有权置于首位，而且公私分明。

②勾征环节，凡清理逋悬（拖欠）与欠负（亏欠租税）之数，律定必须追征填纳，不允许赋税征纳发生违契不偿。

③国家之债法令中也都有相应的保护条款。在吏政治理方面，唐朝的律令制定也充分注意到对官吏侵犯公有财产的处治。

14. 营造法律制度

唐朝颁布《营缮令》（也称《开元营缮令》），标志着营缮法式被正式纳入律令体系，开创了营缮专门立法的先河。

（1）营造管理体系

唐朝实行三省六部制，"工部"负责工程营建的专门管理。通过营造建制与工匠程式的确定，将营造经费纳入预算，并对工程项目进行分类与分项核算，以求得营造成本及总成本，实现营造会计报告的专门化，全面加强对工程营造的管理。

（2）"将作大匠"引领制度

隋唐时期，工程营造环境趋于复杂，规模扩大，设计、施工与装饰难度提高，用材与用工技术发生变化，计量记录与会计核算关系复杂化。因此产生了"将作大匠"引领制度。

"将作大匠"相当于现代工程师或总工程师，负责带领工匠按工程设计标准施工，解决复杂多变的工程问题，并通过工程分类与分项营造，确保工程竣工。

大明宫是唐朝长安城最重要的宫殿工程，尚书工部承担工程主办责任，实行主管官员委派制与"将作大匠"引领制，保障了城市建设的有序进行。

（3）砖塔营造变革

唐朝寺观佛塔营造发生显著变化，以砖石取代木料，兴起仿木结构的砖塔。唐朝砖塔营造制度与技术、方法成为中国佛塔营造史上的里程碑，对后世砖塔营造建制与技法产生深远影响。

（4）法律制度的作用

营缮法令的实施有助于把握整个工程项目的营造经费，实现对工程营造过程的全面管理，包括预算控制、成本核算与管理，以及编制工程决算报告。这为尚书省乃至最高当权者提供了决策依据。

（5）历史意义与价值贡献

唐朝在营造法律制度建立方面具有开创与转折意义，对后世的《营造法式》等营造法令与营造会计产生深刻影响。就会计转折而言，唐朝是中国古代工程预算会计、工程成本会计、工程决算会计取得突出进步的转折点。

五、宋朝会计法律制度——体系完备

（一）法律起源与基础

宋朝财计法律制度的起源可追溯至五代十国末期，随着社会经济的逐步恢复与发展，财政经济管理的需求日益迫切。至宋宁宗时期，宰相谢深甫（1139—1204）奉诏编撰了《庆元条法事类》，该法典总汇了宋朝行政法制建设的历史成就，尤其是在财政会计方面的法规，形成了较为完备的法律体系。其法律基础不仅根植于前代制度，更在继承中创新，为宋朝财计管理提供了坚实的法律保障。

（二）法律制度

1. 户籍法律制度

（1）鱼鳞图

只有同时持有地契与砧基簿（登记田亩四至的薄）上官府入册编号，所有土地方为合法，方能进入市场进行交易。地方官府根据各农户土地图形与版籍，将"鱼鳞图"编号归总。

（2）鱼鳞图册

由官府绘制辖区内田产的总图对农户所有耕地丘田，依次逐一排列，田块四至关联，层级相接，鳞次栉比，犹如鱼鳞之状，故美其名为"鱼鳞图册"。

（3）鱼鳞图册与账籍系统的作用

赵宋时期，土地买卖关系趋于复杂化，带来了户籍制度执行与编制及管理关系的复杂化，从保障与落实租税收入出发，宋官厅不仅创造了"鱼鳞册"制度，还围绕户账编造，形成了以统计记录为主体的户籍账籍体系，诸多账籍既相互关联，彼此照应，而又相互制约，起着按层级与环节维护宋朝基础财政收入的作用。

鱼鳞图册与账籍系统，在预定租赋收入之前，起到严密控制作用，以其变防他变，而在赋税征纳之后，又成为会统结合、检校核实赋税收入、切实进行会计核算的依据。

（4）历史意义和价值贡献

南宋初，鱼鳞图册的产生是为了应对田产在买卖中发生的变化，在检核上它们与户籍登统形成相互配合的关系，服务于基层的土地、人户与钱粮管理。鱼鳞图册是中国古代户籍制度发展史上的创新之举，它对明清时期人户册籍制度的发展产生了十分深刻的影响。

2. 赋税法律制度

（1）赋税

①两税法：宋初，两税仅包括钱、米两项定额。自宋真宗初，部分税钱折合绢帛并入夏税。两税法主要征纳形式是货币和粮食。夏税以钱计，秋税以米计，俗称"夏税秋米"。

②租税簿：两税之征的核心会计文书，强调与户籍版籍的关系。用于核实、设置账籍登记、用印（含骑缝印）、分簿呈送及归档管理。

③两税会计核算要求簿账记录须在规定时间内完成，分夏、秋两次编造。属预算性质的文簿，结合会统记录。

④《赋役令》是赋税的法律规定，对编报事项有严格要求，数据审定后不可更改。税租法则以实际记录税征事项，含明细与归总。核查以租税簿为准。目的是将损失、损耗合法转嫁给农户。

（2）徭役

宋初徭役：主要包括职役与夫役，征派依据户等，以等定役。

王安石变法：针对徭役扰民，改行募役法，短期有效但无长远结果。

3. 预算制度

宋朝的君王以强化财政经济集权为目标，以预算达到统收统支作为其中的重要手段。预算编制责任由三司掌握。

（1）财政原则

宋朝实行分别财政入、出事项，逐级系统编报国家预算的制度。预算中财政入、出之数的对比分析，对预决算管理的一致性具有理财上的实际意义，并可以权衡"量入为出"财政原则贯彻执行情况。

（2）预算申报支出

在全国总预算编制已定的情况下，遵循量入为出原则，宋官厅把预算控制的重点放在支出方面，凡物料购买与投用，应当事先通过预算申报程序，方为合法行为，否则要依法论处。

4. 财计监察制度

宋朝在强化财计监察控制方面，进一步坚持了财计监察与审计分立的组织制度运作机制。

（1）强化了户部的内部审计。

（2）御史台行使财计监察组织权力，从而把财计监察与内审、独立审计制度上升到一个新的水平。

（3）宋官厅由中央三省、御史台，到路级监司和道制，再到州军乃至县镇，建立上下相制、内外制约、层层相察、左右互纠、一贯到底的系统的财计监察制度。

宋朝在路一级由监司形成的监察力度尚属首创。

5. 会计报告制度

熙宁七年（1074年）所设"会计司"，实行"一州一路会计式"，会计报告制度的改革成为北宋元丰改制的重要内容。

（1）改革内容

元丰三年（1080年），"元丰账法"改革。会计报告制度在编制、申报、送达、汇总与审计方面发生了很大的变化。

凡县镇、仓场、库务须呈送报告于州军，由州军审定、汇总送达转运使司，最终由转运使司审查州军所送报告。

由转运使司根据"省账"要求，将其中钱帛、粮草、酒曲、商税、房园、夏秋税管额、纳毕盐账水脚、铸钱物料、稻糯账等项呈报，停止州军直接向中央呈报。

要求三年一度编制具有总合核算结果价值的"计账"，三年一度的"大计"报告由转运使司呈报中央，经由尚书省户部总考向皇帝奏报，并在圈定之后存档。

（2）历史意义及价值贡献

"元丰账法"重建了一个新的会计报告系统，这个系统至宋徽宗时达到完善的地步。元祐初，司马光在一则奏章中讲得很清楚：户部的财计事权处于不完整状态，其中关于会计报告管理事权也处于不完整状态，原本应当统一汇总的会计报告资料实际上处于分割状态。

"元丰账法"得以恢复，逐渐围绕全国会计报告统一的方向加以改进。才有《庆元条法事类》中关于各类会计报告内容与格式规定的产生。宋朝的会计报告因财计体制影响发生的变化，既有经验可传，又有教训可以汲取。

6. 考课制度

（1）原则

宋朝以"循名责实"为考课原则，"责实"的首要内容是官吏的德行。从中央到地方，从中层到基层，其精神与内容是完全一致的，都以考课为中央财政经济集权服务，把财计方面的标准置于最重要的方面，把磨勘、考校、检核、校定与考课统一起来。

（2）考课职能部门

元丰改制后，考课之事统一由吏部掌理，御史台对吏部考课具有监察责任。对地方守令的考课，通常由各路监司负责，御史台则从复审角度行使监察权力。

（3）标准法制化

宋神宗熙宁元年（1068年）颁行《守令四善四最》课法。《守令四善四最》是宋朝对地方官员考核的具体标准，其中"四善"指的是德、能、勤、绩四个方面，而"四最"则是对官员政绩的具体考核标准。"四最"的内容在《庆元条法事类》中有进一步的明确，其中有"三最"的内容直接与财计方面的要求相关，落实"三最"，对保障国家赋税收入具有直接关系，是对官吏考课标准确定的核心内容。在考课办法与时限上，宋朝考课的三等殿最之法实行终世不变。

（4）突出特点

注重考课结果的建档存查。考课建档中最注重的是那些事前加盖皇帝印玺的"御前印纸"，"御前印纸"是宋朝官员考课的重要文书，记录了官员政绩和功过，是事后决定官员升降及对其奖惩的依据。

宋官厅的考课层次明确规定，凡京朝与进士出身的幕职官，一律颁发"御前印纸"，而其他官员则用一般印纸。

7. 仓储制度

宋朝中央为集中掌控全国钱粮财物，一度制定并发布了许多具有法律意义的仓库管理文书。仓库财物控制的法律制度，对宋官厅控制财政经济起到重要作用。

（1）仓储体系

①左藏库。宋初，设左藏库为国库，全国各地贡赋与战争缴获财物均输纳于此。宋真宗大中祥符年间，又分左藏库为南北二库，分门别类地掌理财物。左藏库设专职官掌财物出纳，处理出纳账目。

②国家粮仓。在内藏库所管财物中，天下粮谷不在其内。自汉唐以来，凡置于京都的仓廪统称之为"太仓"，宋朝国家粮仓也沿用了这一统称。北宋把这类仓库称为"在京诸仓"，其中的粮仓处于以往太仓的地位，事关天下粮食供应。

③内藏库。内藏库属于皇室财政，这是宋朝库藏出纳在事实上的划分，故内藏库也具有调剂国用的功能，其与国家财政集权形成互动关系。内藏库则主要服务于宫廷，是真正意义上的"天子财政"。

宋朝内藏库收入来源稳定，支出范围广泛，内藏之财也用天子经费和天子行赏。在几项开支中，以军用为要、为大，支付形式通常以现金籴取军粮。

④常平仓。两宋时期，自然灾害的发生无论是在强度上，还是在广度上，都超过以往，这成为促使宋朝常平仓制发展的客观原因。常平仓的主要功能是平抑粮价、赈灾济民等。

⑤义仓。宋朝遵循先例，从救百姓之命的角度，看待设置义仓的重要性。南宋义仓走向稳定，在解决荒政问题上起到一定作用。在宋朝的仓储体系中，义仓在解决民政问题方面，作用仅次于常平仓。宋朝的义仓制度演变过程及其经验教训对元、明、清三朝具有借鉴意义。

⑥南宋的社仓。"社仓"名称出现于隋，其时，社仓性质与义仓完全相同，每每言及社仓即指义仓。而南宋所办社仓则不同，它完全属于民办仓储。南宋民办社仓为官方认可。民办社仓设于乡野基层，取之于民，直防灾荒，赈济乡民，解燃眉之急，是常平仓、义仓的必要补充。

（2）仓储管理

①《诸仓丐取法》。宋神宗熙宁三年（1070年）颁布实行的《诸仓丐取法》是与刑事法规直接相关的一种仓法，立法目的旨在打击仓储领域内的经济违法行为，确保仓储部门的有效运作。

仓法视库藏钱粮为不可侵犯，凡违法者从严惩办。左藏东西库所行专法，与《诸仓丐取法》不同，为国库专法，并具有法制管理上的针对性。所谓"法意周密"，是指针对左右藏库财物控制内容详尽而完备的程度，而"关防详尽"是指法律在防范仓库各个环节经济犯罪方面的完善性。

在文书簿历与会计簿册方面，达到齐备，与防火、防盗并行，使财物出入记录完备。库务行政中最重要的是文书档案，尤其是会计方面的文书记录及其原始凭证，这些都与仓中钱粮相对应，故管理好档案是管库者责任之所在，管理中如出现问题，其关键便在这里。

②王安石变法所行"仓法"。王安石变法之前，上自中央，下至地方，各部门的吏人无固定俸禄，而吏人自谋其食，继而造成了吏人受贿问题。王安石变法时期的"仓法"，采取重禄与重刑并行，目的在于促廉。随后在中央各个部门乃至地方实行吏人俸禄制，并相应制定刑罚，以"仓法"为据严格整顿仓场，打击仓储部门吏人贪盗受贿行为。

（3）仓储会计

宋朝政权把解决财政经济集权问题放在仓储控制方面，为此建立了内外有别、门类齐全的仓储组织系统，并以立法为主导，以治理经济犯罪为目标，实现了对库藏财物的法制管理，尤其是在仓储体系的基础管理落实到会计制度施行与科学会计方法应用方面，形成了独具特色的仓储会计。

8. 漕运制度

宋朝初期，三司掌管漕运，调配全国各路运输。漕运会计核算组织有序，把管理落实到了漕运过程中的各个环节。

宋官厅的漕运制度与仓储制度是并行不悖的，在起运、验纳、质量与数量控制，以及存储管理上彼此关联、相互牵制。两者的会计制度施行和方法应用也基本保持一致，在会统文件存档备查与勘合中，以及在监察与审计中有相互印证的关系。宋官厅在贯彻执行中把握住这两种制度的一致性，实现并驾齐驱的管理效果是值得借鉴的历史经验。

9. 经济犯罪与过失方面的财计法律制度

宋律视会计文书为财物出入安全的保障，予以会计文书特定的法律地位。在会计记录的正确性方面，宋朝将账籍列于皇朝法式之中，凡会计文书，如"有隐漏、重覆，收支不实，应干系官吏科杖一百罪"。

（1）报送程限

包括会计文书在内的报送程限上规定，年报与季报违反程限，要加重处理。季度、年度会计文书报送的及时性，关系财政决策问题，逐级呈报、逐级勘验点磨，又关系会计报告的真实性问题，宋官厅把握住了这两个关键之处。

（2）财计时限与磨勘时限

宋官厅把握了日常对财计时限与磨勘时限的控制。如因磨勘之需，调阅相关会计文书，也有取索与送还时限上的要求，调取双方都不得违限。

（3）假账处理

《庆元条法事类》相应条款规定，对造假账者威慑力相当大。宋官厅对封桩钱物账的误记处理较前更严，对隐漏增减处理不实者，一律判处有期徒刑两年。

（4）王安石立法观点

宋朝做到了财计立法为财计集权服务。王安石把理财置于立法建制的基础之上，他认为："夫合天下之众者财，理天下之财者法，守天下之法者吏也。吏不良，则有法而莫守；法不善，则有财而莫理。"这是宋朝立法理财进步思想的表现，具有代表意义，是宋朝立法改制进步的原因。

10. 工程管理

（1）工程管理产生背景及内容

宋朝对工程营造人工与工料投入的控制，把工程营造具体管算引向建筑工程成本的会计核算。熙宁年间（1068—1077年），王安石变法为《营造法式》的产生创造了良好的社会环境。随后，通过宋神宗"元丰改制"，由工部从工程营造预算、施工用人、用料定额、工程营造成本核算与管理、工程造价勾检与核定到工程营造决算，一揽子统一管理起来。这种组织制度上的变化，又为《营造法式》一书问世创造了具有先决性意义的条件。

（2）喻皓《木经》

喻皓设计并统领工料匠施工，营建了闻名于世的开宝寺十三层木塔，成为中国古代建筑史上具有标志性影响的营造成就，被载入中国古建筑史册。《木经》被工程建筑界誉为中国古代的第一部"木结构建筑手册"。

（3）《营造法式》

李诫于宋徽宗崇宁二年（1103年）所撰《营造法式》，其研究内容分为总释（上、下）、营造诸作制度、木作与诸作功限、诸作料例与图样五部分，共计三十四卷，另设"看详"与目录两卷。

《营造法式》根据对建筑工程营造进行分类、分项及区分施工环节，首先建立一系列诸作营造制度，其次相应确定诸作营造功限，最后再配合以诸作营造料例及其图示。

①工程预算。以工程预算为确定工程营造分类、分项与分环节约束的依据，形成营造法式管理控制的起点。

②工程定额。通过"诸作功限"，按照工程分类、分项与分环节确定工程预算定额，实现对工程全过程的预算定额控制。从执行与落实预算定额相关的方位及其配合，也把建筑工程营造管理集中到用工、用料方面，以此体现工程施工管理的针对性与切实性。

③工程成本核算与管理。通过工程营造制度体系建立，对营造设计与施工实行全方位约束，并和工程预算制度与定额管理法进行同步配合。最终把对工程营造用工与用料的控制，集中到工程成本核算与管理方面，以通过成本核算显示工程成本构成与工程造价的计算结果，为工程勾检环节提供依据。

应用优秀案例

江苏常熟的兴福寺塔（见图4-3）生动体现了宋代寺殿与寺塔类建筑用材用料精确计量投入的史实。

兴福寺塔历经八百余年，至今依然巍巍而立，保持了经久未衰的工程营造优质状态。

图4-3　江苏常熟兴福寺塔

（4）历史意义和价值贡献

宋朝对建筑工程营造管控的严谨性，自始至终都体现了工程计量与工程会计计量在计量记录与执行方面的一致性。宋朝对工程预算、工程预算定额、工程成本核算、工程造价核定，以及工程完工决算的要求均具有严格意义上的一致性，这是宋朝在工程营造方面取得的前所未有的进步。宋朝对建筑工程营造的管控反映了宋朝工程营造预算会计与成本会计当时的发展成就。

《营造法式》在纵向上以建筑工程营造中的工程设计与应用工程技术组织施工为主体，在横向上则以建筑工程会计核算与管理为主体。纵横配合，两者之间章法严谨，在体系上条贯分明，主次轻重安排适度，区分层次与重点，突出了建筑工程中的会计问题。

从《营造法式》内容中的制度到具体操作上的会计方法，与宋朝的官厅会计相一致，并且与会计运作中建立起来的逻辑关系也完全一致，堪称一部建筑工程会计制度与方法指南，全面而系统地反映了宋朝建筑工程营造会计的核算水平与管理状况。它从总体上说明，以建筑工程营造会计为代表，这个时期的会计发展出现了具有转折性意义的进步。

北宋时期，从《木经》到《营造法式》，我国木石建筑从理论到实践都取得了重大发展。

六、明朝会计法律制度——重典治吏强化集权

（一）法律起源与基础

明朝财计法律制度的起源可追溯至元末明初，随着社会经济的逐步恢复与发展，财政经济管理的需求日益迫切。明太祖朱元璋以"重典治吏"为指导思想，通过制定详尽而严酷的财计法律制度，旨在强化中央集权，确保国家财政经济的稳定与高效运行。这一时期的法律集大成之作——《大明律》不仅继承了前代的法律制度，更在财计管理方面进行了诸多创新，为明朝财计法律制度的形成奠定了坚实基础。

（二）法律制度

1. 户籍制度

明朝视人户田土管理为一体，体现在户籍制度建立上，通过全面规范而形成一个系统，这使明朝的户籍制度独具特色。

（1）户帖编制制度

户帖制是明朝户籍制度构建的历史起点。户帖制一开始便以落实人户、人户中的丁口与事产为目标，以户帖这种原始凭证对赋役征派进行切实控制。户帖由户部统一制作，具有固定的格式，其设计与印制完全克服了随意性。明官厅已促使户帖成为十分正规的文书类凭证。

（2）黄册编制制度

黄册编制制度旨在改变赋役流失的状况，并详细反映农户财产的变化情况，包括买卖、转移及自然死亡等，涉及人户、土地、事产的具体变动。

该制度采用"四柱结算"的方式进行反映，结合了会计与统计记录。其单位重造周期确定为十年，具有原则上的持续性和一贯性，这一进步前所未有。

在文本格式方面，黄册底籍抄本书写正规，采用中国古代的"一"字表述法与"四柱式"结算格局，排列清晰。编写时必须按照中央颁发的统一格式进行，书写及款式也需严格遵照户部下发的"题本"。一律使用工正楷书，按行距书写，不得潦草。其他书写要求也十分严格，与呈送皇帝奏章的规格一致，并受到法律条款的保障。

（3）鱼鳞册编制制度

明朝将鱼鳞册（目标是核定地籍）与黄册（目标是核定户籍）之间建立起密切的配合关系。两籍互为表里，实现对人户、田土、事产与赋役结合一致的掌控，建立了整套具有逻辑性的程序，体现了户籍与赋役制度方面的创新发展。

从财计原理上讲，两种册籍有经纬之分，其互动作用，是会计与统计相结合的。详具旧管、新收、开除、实在之数为"四柱式"，在财计收入控制上互为因果。两种制度在设计上密不可分，在实行上勾连环节，密不可分、缺一不可。

（4）实征册的编制制度

实征册的编制是从动态上考虑户口、人丁与赋役变化的，官府每年实际征派赋役时，以黄册（静态）为依据，结合当年发生的变化，编制实征册。实征册配合鱼鳞册与黄册发挥其赋役征派管理作用。

实征册格式采用"四柱式"，注重落实旧管之数，是实征册追究前后变化的依托，旨在正确做出调整。

2. 财计收支制度

明朝在财政组织体制上，对国家财政与皇室财政进行划分，区分上也有很明显的界限。

（1）财计收入类项目

①田赋。田赋是明朝财政收入主要来源之一。到明朝中后期，针对田赋制度进行的"一条鞭法"改革，统一实行田赋折银缴纳，以役银替代力差，赋役合一，确立"折色银"在赋役征派中的地位。

田赋和力役征派中的会计计量记录与核算要素统一起来，以"折色银"作为会计中统一的计量单位，提高了赋役征派中的综合计算水平，防止了其中的误差，提高了"实征册"记录与编报的质量。

②差役。明朝民户承担的差役征派一体，统一折银计量记录。

③盐、茶专卖收入。明朝初期，盐实行的是盐商专卖制，盐商缴纳盐课，作为财政

收入。

明朝在茶的经营方面推行一种"引由制"，规定商人须在交清茶款与茶税之后，向主管部门请领"茶引"，凭引票购茶，并限定其运销与营销地点。明官厅热衷边境地带的茶马交易。

④矿税。矿税在明朝财政收入中所占比重有限，只是矿产之中，白银的用处越来越大，使明朝政权对它越来越看重，在开采、冶炼、成品产出、输纳、流通以及课税上"一花独放"，一直处在发展之中。

⑤商税。明朝对商税的课征名目："塌房税"，由官方为商人提供塌房存放货物。"酒醋税"，按酿酒过程对酒实行两次征税，一是对酒曲投放环节征税，二是对售酒环节征税；醋税折收金银钞，可能与酒一样实行定额税制。"渔课"，专设河舶所征收"渔课"。"契税"，是对买卖不动产与牲畜的课税。"店铺门摊税"，属于商业门市营业税性质，按月向当地都宣课司缴纳，司、局"给与由帖执照，每月一次点视查考"。

⑥关税。关税有内地关税与海关税之分。各项收入一律进行单独考核与呈报。海关税自明朝中后期逐步增加，在财政收入中所占份额也相应逐步提升，引起朝廷注意。

⑦屯田收入。明朝屯田也有军屯与民屯之分，另外有盐商屯田，也划归民屯管理。军屯的目的在于以屯田自给，补助军需所用。民屯的重点在于垦荒，扩大耕地面积，提高粮食总产量。

⑧贡献收入。各省的贡献收入称为"上供之物"，民族地区也需贡献收入。海外一些国家为互市而对明朝的贡纳。

⑨其他收入。其他收入包括货币发行收入、赃罚收入、处罚收入、度牒收入等。

（2）财计支出项目

①皇室支出。这类支出项目虽然未作明确划分，但实际发生的开支却是个巨大数目，而且在开支范围上呈现逐步扩张的趋势。

皇室支出一般包括皇宫中俸禄、宫室支出、营造支出、皇室其他支出。

②军费支出。为计算确定官兵人员军事支出数据，在支出的具体划分上，明朝按常规把军费划分为经常性支出与战争支出两大类，项下划分为饷银、军需与武器配备。

③官俸支出。"国家经费，莫大于禄饷。"文武官岁给俸禄。对诸王的赏赐历来也是中央与地方财政一项较大的支出。

④工程支出。工程支出首先反映在黄河治理工程开支方面。朱元璋专设营田司，注意农田水利工程建设是其视农业为统治基础的表现。在船舶修造方面，明朝大力进行内河漕运船只修造。

⑤对外交通支出。明永乐三年至宣德八年（1405—1433年），郑和七下西洋所造大船总计开支是一笔巨大的数目。

⑥文化教育支出。明朝大建学校，师生伙食与学官薪俸列入预算，由国家财政负担。

明朝全国学校教官人数计四千二百余人，待遇优厚。

学校实行分科教育，务求实才为培养目标，明朝的教育完备程度为"唐、宋以来所不及也"，教育的普及程度也是前所未有。坚持学而有用原则的例证，仅通过坚持这一原则历练总计达到"七百五十三人"的生员，在财政教育支出方面便是一笔数额很大的开支。

明朝推行科举制用于文、武二科取士及其教育方面的支出，在全部教育经费支出中位列第二位。明朝执行科举制度，从院试到乡试、会试及至殿试，先后都有系统费用发生。

明朝国子监的一个特点在于，为中央六部培养任事官员，谓之"监生历事制度"。国子监生要到中央官厅各部门"先习吏事"，以历练其从政能力，尤其是中央涉财政部门财计议事能力。分拨监生实习历事，既有一季到半年，也有一年或者更长一些。

明朝组织编撰《永乐大典》，这虽然是当时财政上的一项持久的、款项日益增加的负重性财政耗费，但它却是中国文化史上一项意义重大与影响深远的文化工程，它成为由历代杰出文化成果构成的"万里长城"。《永乐大典》一经刊刻面世，便对中外产生重要影响，得到世界文化界很高的评价。

⑦救抚支出。这项支出包括赈灾、赈恤与敬老。

⑧祭祀支出。明初，祭祀分大祀、中祀与小祀三种，名目繁杂，额定支出数起点大。会计对祭祀开支计量精确。

⑨其他支出。其他支出包括公廨（官属）与京师设会同馆，以及边腹郡县与村镇要会之处所设置的水马驿等所发生的开支。

邮驿在京师则称为"会同馆"，"会同馆"不仅是全国驿站的总枢纽，而且也是接待中外宾客装饰与设施最高档的国宾馆，其规模十分宏大。

3. 预算制度

明初坚持"量入为出"财政原则，分别加强对财政的收、支管理，以求财政经济运作处于正常状态。《万历会计录》是明朝的重要财政文献，其传承宋朝《会计录》编撰之制，目的在于对比分析财政收支变化，发现财政上的问题能及时加以处理，并把管理重点放在新收与旧管钱粮方面。

（1）《万历会计录》首卷主体内容

这部会计录的第一卷主体内容为"旧额、见额、岁入、岁出总额"，成为引领全书之纲，所确定的"定额"之数，在旧额与见额对比分析中直接关联，最终通过比照与权衡起确定作用。

（2）全面预算制度

明朝实行全面预算制度，每年编制一次预算，与《万历会计录》首卷的布局内容具有相关性，旧额与见额的比照分析是确定新会计年度预算之基本依据，定额为预算各项增减之依据，两个基本方面相互参酌，确定新年度钱粮在主要行政区内的存留起运状况。

系统的财计数据，既是会计录逐年编报的依据，又是会计录据以分析揭示钱粮收支规律及其存在问题的依据；其所揭示的规律和问题反过来又引导了国家与地方的预算编制。

（3）财计建制的特色

明朝预算制度与会计录编制之间存在制度执行上的互动，两者互动既促使预算从编制到执行结果的分开，又推动当时的预算管理实践，这是在预算制度与会计录编撰制度执行方面的贡献和特色。

4. 财计监察制度

明朝的财计监察制度实行监察与审计合一，审计在财计方面依旧发挥了很大作用。

（1）财计监察组织部门

监察御史主要职能集中于两点：一是纠举贪墨、澄清吏治。二是督理协办财计与督查屯政，监察效果达到立竿见影的程度。

宣德十年（1435年），明朝于全国分区划定十三道监察御史，处事全权为皇帝负责，监察权力很大。

（2）审核会计报告文书

京内财计监察方面，监察机构行使监察权力的针对性在于实施两京刷卷，查究两京直隶衙门公务文书，尤其是其中由户部汇总的年度会计报告与季度会计报告文书，一一进行"逐宗照刷"，逐件依次审核。

5. 勘合制度

勘合制度是明朝会计制度发展的一个重要方面。此外，明朝造纸术、印刷术、雕刻术，以及刻印与用印制度的发展，对明朝勘合制度的创新与发展起到促进作用。

（1）分类

①户籍勘合。明朝最初用户帖与户籍进行勘合。户籍勘合是落实税粮征纳的起点，是勘合布局的开端。

②税粮勘合。税粮勘合确保了税粮如期归仓，所以，明官厅对整个勘合的重点放在起点与终点两个方面。

③财计勘合。中书对地方各直属机关发放各类文书，勘合的重点便是文书中的财计事项或涉财计事项，尤其是中央六部的勘合，全面涉及全国重要财计事项，并且财计勘合中心集中到户部方面。

（2）特色

针对国家财政收入重点，对钱粮存留起运与入库储备、出纳进行全面而分环节的勘合，勘合成效显著。财计勘合制度执行有监察、审计制度的配合，两种制度具有互补性。

勘合方法实行会统结合，在各勘合环节之间建立有牵制关系。勘合制度与官吏考评制度的结合，增强了对官吏考评的有效性。将勘验、验校、稽核等多种方法相结合，形成了比较科学的勘合方法体系，有助于提高财政管理的效率和准确性。

在勘合制度运作过程中，充分应用了官厅会计的方法体系，如会计凭证联次的勘合作用；会计簿册分设形成不同的勘合记录，记录之间的对照验证作用，以及勘合关系的成立；用印勘合、半印勘合与会计的骑缝印信应用在勘合比照验证中的配合应用；会计编号在勘合编号中的应用，使勘合比照成为可能，以及会计呈报与勘合呈报的并列比照应用等，这些都有助于系统性财计勘合见诸实效。

6. 仓储制度

朱元璋深刻认识到粮食积贮为"天下大命"的道理，所以一开国便实行了广设仓与广积粮的方针政策。粮仓置于明朝仓储体系的首位，财物储备次之，下设多种门类的仓储相配合，形成颇具特色的仓储体系。

（1）设置体系

全国置仓在奠定基础之后，又逐步改变了仓库储备分类，不断改进储备结构，提高储备功能与储备质量，形成相互之间的配合作用，并达到协调的仓储体系。

①中央粮仓。中央粮仓即"太仓"。"太仓"由户部统一掌管，主要为京仓与水次仓两部分，京仓以军储仓为最重要部分。

②中央财物仓。明朝中央有以白银为首要储备的财物储备库。在中央财计组织制度划分上，明朝虽无国家财政与皇室财政明确的划分，但在财物储备的归口划分上却有外库与内库之别。

③地方仓库。明朝各布政司与府、州、县各级设置的仓库，形成了地方仓储体系。这类仓储体系其功能作用在于储备粮谷，以米粮维持地方经济秩序的稳定，是地方政府和中央政府安身立命的财力基础。

（2）组织管理

①组织建制与官吏考核。明朝视天下粮仓管理为首要政治、军事要务与稳固国家财政经济的基础，故其仓储组织制度设置与安排尤为周密，委官治理规格很高。在仓库管理方面的经办人员还有掌印、书写、勘合与稽考、查盘与文册攒造等职事，仓库会计在一般管理职事之中，处于重要职事的中上层。

明朝把官吏的仓管政绩作为考绩的一项重要内容，尤其是以官吏所主管仓库积粮的多寡作为评定官吏政绩的标准。

②管理规范。明朝对不同类型的仓库颁行了具体的收支条例。条例均以会计核算与管理内容为基础，既涉及基本会计制度中的规定，又涉及仓库的具体会计程序，还涉及切实可行的会计计量记录方法的应用。四柱结算成为米粮结算必用的方法，是对仓粮实行动态控制基本的方法之一。

（3）财物出入验核制度

明官厅在中期以后，验收机构核查程序逐步专门化，科道官随机性巡视检视威慑力度加强与验查权威性提高，以及会计环节合规性核查水平也日益提高。

如会计勘验，以"进状"为验证的合法依据，坚持记账以原始凭证为据，核实钱粮又以账证为据，从而保证了账证的一致性，把核查落实到会计核算与管理上。

明朝的验核制，实施目的不仅在于仓库钱粮"数目备细"与"查据造册"，而且在于通过验核、查明、查清入库财物的质量。会计计量记录随处跟进，核算与管理始终一致。

（4）仓储安全管理

保障国库钱粮安全关键在于仓厫营造与保持适时维修。房顶须取多层次，四围采取有防潮、防水、防雀、防鼠措施，这些都是营建备防仓厫系统工程之中的关键，它切实保障了明朝常平仓等防荒、救荒的质量。

明官厅严格监督关防门卫各个环节履行职事，凡不尽职守，造成关防疏漏，必严格依法量度进行追究，并一律依法从严惩治。

（5）仓储财物盘点

会计上的盘点文书，由相关部门分别收执，将盘查之后的银库牢牢锁定，会计文书与收执部门，既相互牵制，又彼此照应，封盘法式及其程序尤为严谨，对白银存储切实起到保障作用。

①盘点的要求。盘点是正确进行仓储财物结算的前提，是仓储会计核算与管理的关键。仓库管理既注意白银每日出纳动态，又特别注意把握富余零散白银的结存及其流动状态，所以，明朝实行日盘日清制度。

②财物盘点结算类型。

a. 会计结算盘点包括：日结日盘、月结月盘、季结季盘和年终决算盘点等。第一期盘点作为会计结算盘点的一部分，其重点在于核实上一个会计年度末的粮谷结存数量，通过"四柱结算"方法，将上一会计年度的实际结存数与下一会计年度的初始库存数进行对比。这样做的目的是确保两个会计年度之间的数据连贯性和准确性，有助于发现和纠正可能存在的账目错误或不一致之处，为新的会计年度提供准确的起始数据。在年终盘点方面，每年终，通将旧管、收除、实在数目磨算无差，造册奏缴。既是财物细数，又取"四柱式"盘点，并且是由一个班子进行的全面盘点。

b. 离任交接盘点。明朝对官员离任时的监察非常重视，因此在官员离任时需要进行详细的财物盘点，以确保新任官员接管的财物数量准确无误。

c. 封盘。对银库一般实行封盘制度。这是因为白银单位价值高，流动性强，容易进入商品交换领域。为了保持其安全，防止弊端和差错的发生，一般将其盘封起来进行封闭性保管。

（6）历史意义和贡献价值

明官厅自上而下逐级次建立起来的仓储体系，在管控上已经达到比较完备的程度。明朝既总结了中国古代仓储制度和管理方式、方法发展史上的历史经验与教训，又将仓储制度与方法推陈出新，形成颇具成效的方法，带给后世不少启发，予以清朝直接影响。

7. 漕运会计制度

明朝的漕运会计核算与管理系统已初步建立起来。

在漕运会计方面，依据运抵名目实行分项核算，每一色目入库与出库都有明确的记录，定期都有结算。明官厅对花销巨大的漕船建造费，也制定了专门会计核算制度，从单位漕船生产成本、投入漕运之后的运力、运费核算，以及漕船废弃对残值的会计账目处理等，都形成了相关联的会计核算制度。

8. 经济犯罪方面的法律制度

（1）经济犯罪

《大明律》中对于经济犯罪定性从严，处治亦从严，其中以监守自盗处治义最为严格。《大明律》视财政经济责任事故如同贪污盗窃，定性十分严重，并且处理也十分严酷。户籍编造环节犯罪、税赋征收与钱粮入库环节犯罪、侵盗仓库官物犯罪、涉会计文书与印信犯罪。

（2）历史意义和价值贡献

明朝所处的政治经济环境有所变化，尤其是这个历史时期已经明显形成的资本主义性质经济关系萌芽与初始生长的变化。明朝所制定的一套财计法律制度，在进一步强化中央政治经济集权方面达到了全面、系统、完善的地步，并对国家财政经济管理方面起到了重要作用。可以说，在中国封建社会经济发展史上，明朝把它的财计法律制度推进到一个新的阶段。

9. 《工部厂库须知》

（1）内容

《工部厂库须知》由工部何士晋主持编纂，主体内容包括对国家财政经济管理进行分控的法律制度与细则。书中围绕工程营造大小项目，阐明了工程预算拨付与设计、营造施工中用工和用料定额限制，以及工程营造会计按标准进行的计量记录、核算、成本控制及其工程营建完工后的决算等。

（2）历史意义

《工部厂库须知》是一部兼及传承与创新发展的工程营造指南性质的文献。它继唐朝《营缮令》，上承宋朝《营造法式》，下启清朝《工程做法则例》，提升了自唐、宋以来工部职能组织的地位，在工程营造会计核算与管理中发挥了引导性作用。

从选料、备料、料价核定、用料投入、退料与对各类、各种用料投入的计量记录，再到凭证入账、核算工程成本与造价等，整个过程都有制度限定之下的精确计量，并有以精确计量为前提的考核检查，这些都是前所未有的进步。

（3）《工部厂库须知》组织管理

《工部厂库须知》的控制目标主要有两个方面。一是防范贪污、盗窃。它针对政治经济环境变化中形成的主要问题，确定了国家财政经济的管理宗旨与控制目标，以立法扼制防范贪污、盗窃事件的发生。二是力戒浪费、禁止糜费与倡导节用。力裁冗员、冗役与冗费，以绝工程营造弊源，把工程营造用工、用料投入落实到执行预算与遵守定额的会计核算上，以及工程营造成本控制方面。

工程营造控制的全过程通过分环节控制进行会计核算与控制。《工部厂库须知》卷二"厂库议约"具有总议与总论性质，其中所立定的三十一项"约则"，反映出对工程营造控制的全过程，并且它所实行的分环节控制，其所解决的主要问题，便是进行会计核算与控制。一是人事安排与责任。"约则"中的交代、共事、关防三环节，直接涉及营造官吏必须遵守的组织制度、手续程序，以及应承担的相关营造责任。二是对工程营造"预支"的控制。对工程营造过程中涉及会计特别事项的管理与核算，"约则"将其贯穿起来，旨在把工程营造会计管、算系统化，而管、算结果在于保持"余钱"的正确性。

"日总"是对工程营造会计与出纳相一致的要求。"约则"中的三十一项所涉及的问题，基本上都与工程营造会计制度、工作程序与方法相关，涉及预算、定额限制、工程投入人工与物料控制等。这些规定既关系到工程营造成本、造价及其决算，又间接关系到防贪与防止浪费的问题；既提纲挈领，又具体切实，所以它是工程营造会计的专门"约则"。

（4）工程营造与器物修造相关的会计数据与案例列举

①工程营造案例

从卷三到卷四，是按工程营造大项系统列示的详明用工与用料数据，它已形成用工与用料投入的基本框架，其中最具代表案例者，莫过于明代所建故宫体系中的三大殿，即皇极殿、中极殿与建极殿。

②工程营造和器物修造用工与用料

《工部厂库须知》卷三至卷十二，针对工程营造或器物修造用工与用料，以制度确定的方式，分项目列示了一系列数据，反映出营缮司等所属各厂工程营造会计各个项目，从筹资概算到预算再到核算，最后到决算数据的编报，依次显示营造投入的实际状况及其管理控制水平。

（5）工程营造料银与匠班银的外解额征

保障工程营造正常是中央对地方分解额征之数的落实，中央财政分解之后的总数落实到府一级，府对所属又有进一步分解，银额仅仅是一个抽象的方面，而对工程营造用料与匠班的指派却又是切实的。技术工匠分散于四方，通过工程营造调用达到人尽其能的目的，而天下财物也分散于四方，通过调用又达到物尽其用。从《工部厂库须知》中可以确定，明代官厅对工程营造中的筹资和备料与工匠投入方面都具有切实的保障。

（6）历史意义及价值贡献

《工部厂库须知》是一部系统的工程营造引导性制度文献。

《工部厂库须知》的规范性和针对性较强。它不仅对工程营造过程及其结果进行了规范，而且注重于内容的立项特色及其规制的针对性与切实性，故它可遵从、可操作，并易于落实到一项工程的各节点之上。

《工部厂库须知》对工程营造会计方面加强了管理。它把工程营造按施工程序、项目与环节，通过用工、用料安排与限定，系统落实到工程营造会计方面，即从工程概算到预算，再到以成本核算为重点的会计核算，最后到工程营造决算，它把前后一体贯穿起来，并将其落实到对工程营造的系统管算方面，达到防范与遏制贪污盗窃与铺张浪费的目的。

《工部厂库须知》为后世故宫体系建造奠定基础。相对《营造法式》而言，明朝的《工部厂库须知》创制立法实现了新的突破，把工程营造会计核算与管理推进到一个新的发展阶段。值得注意的是，明朝的《工部厂库须知》对故宫三大殿的营造起到指导作用，为清朝故宫体系最终建立奠定了坚实的基础。

七、中华人民共和国会计法律制度

在社会主义市场经济体制建立阶段，深化改革的首要目标依然是维护与保障以产权为中心内容的法律制度体系的建设，围绕这个目标自上而下建立维护和保障产权的法律制度体系，并把这个体系的基础层次置于科学而系统的财务、会计、审计与经济监察规范之上。

（一）产权法律制度财务与会计体系的建立

1. 《中华人民共和国宪法》

《中华人民共和国宪法》（以下简称《宪法》）确立了产权保护的基本原则和框架，保障了社会主义性质下人权与财权的统一关系。《宪法》为社会主义市场经济体制下，产权法律制度财务、会计体系中的最高层次。换言之，《宪法》作为根本法，是法律制度体系建立之纲领，是维护和保障产权经济及其所有者权益的根本依据。

2. 《中华人民共和国宪法修正案》

（1）1999年的《中华人民共和国宪法修正案》

第十六条对原《宪法》第十一条做出修改，其带来的实质性变化在于，明确"在法律规定范围内的个体经济、私营经济等非公有制经济，是社会主义市场经济的重要组成部分""国家保护个体经济、私营经济的合法的权利和利益"。这一规定使社会主义《宪法》中的保障人权与财权精神及辩证关系得到全面完整的体现，把保障"所有者权益"的内容完整包括在内。这是改革开放时期具有划时代意义的进步。

（2）2004年的《中华人民共和国宪法修正案》

此修正案重要进步在于集中把涉及财产权利和利益的规定贯穿起来，形成系统规定。首先是修正案的第二十一条，把《宪法》第十一条第二款最终修改为"国家保护个体经济、私营经济等非公有制经济的合法的权利和利益。国家鼓励、支持和引导非公有制经济的发展，并对非公有制经济依法实行监督和管理"；其次是修正案第二十二条，将《宪法》

第十三条修改为"公民的合法的私有财产不受侵犯""国家依照法律规定保护公民的私有财产权和继承权"。

（二）法律制度

1. 民法系列

民法的制定以保障财产权、债权和财产继承权为基本内容，围绕这些内容派生出一系列的民法概念与民法原理。

（1）《中华人民共和国物权法》的内容

2007年3月16日，第十届全国人民代表大会第五次会议通过了《中华人民共和国物权法》（以下简称《物权法》），立法目标在于"物权"。所谓"物权"，其对象与会计学中"不动产和动产"在概念上具有一致性。法律上对"物权"的界定，指"权利人依法对特定的物享有直接支配和排他的权利"，具体内容包括"所有权、用益物权和担保物权"三方面，会计学原理中的论述与《物权法》从法理上完全保持一致。

《物权法》的颁行，是中国的民法建设进入产权法律制度建设新阶段的重要体现，它对财务与会计改革提出了新的要求，推动财务与会计的改革进入新阶段。

（2）《中华人民共和国继承法》

《中华人民共和国继承法》（以下简称《继承法》）是为保障公民私有财产法定继承权而制定的，是民法内容的重要组成部分。私有财产继承权包括诸多与会计相关的具有法定性的要素，如继承时点、私人合法财产继承范围、财产继承权的取得与丧失、对持有合法证据继承人的确认、财产继承顺序的排定与各自接受遗产的份额，以及对于继承财产的分类及其计量、记录、清算、结算、确认、核算与编报、审定等程序。同时，遗产处理过程，也是从保障所有者权益出发，会计参与计量、记录、核算与管理的过程，会计出具的关于遗产处理结果的文书是《继承法》权衡继承的合法性与评价继承法定方案执行结果合法性方面的权威证据。

民法的全部内容一致确定了会计在维护和保障财产权益方面，具有不可或缺与不可替代的重要作用。

2. 商法系列

遵照《宪法》和民法精神，制定与颁行商法。

（1）《中华人民共和国公司法》的内容

国家规定自2006年1月1日起施行修订后的《中华人民共和国公司法》（以下简称《公司法》），该法律全面系统地规范了社会主义市场经济体制下，公司的生产、经营、管理及其与市场经济相关的行为准则。公司立法的具体方面贯彻《宪法》中在权益方面所提出的根本性要求，切实体现民法在保障物权、债权和财产继承权方面提出的原则性要求，保护市场经济下公司、股东与债权人的合法权益，进而达到维护社会经济与市场经济秩序的目的。《公司法》对公司财务、会计的相关规定如下。

公司在一个会计年度的财务会计报告编制和对报告进行的独立审计，报请股东大会，提请各股东审查，如果是上市公司还须将审定之后的财务会计报告公示于众，接受投资公众的审查。

财务会计报告是进行盈余分配的依据，不仅体现对所有者权益的保障，而且从保障所有者长远权利与利益出发，按照规定从事后利润中提取 10% "列入公司法定公积金"。同时，在"公司从税后利润中提取法定公积金后，经股东会或者股东大会决议，还可以从税后利润中提取任意公积金"。如公司发生亏损应当及时进行拨补。

坚持公司账簿设置的合法性，包括向独立审计提供一切真实、完整的必需会计文件，保障独立审计对股东权益的维护。

上市公司财务部门须对以股票方式进行的投融资行为决策过程与结果负责。

凡公司进行投资、融资与发行公司债券活动，公司合并、分立、增资和减资，以及公司分散与清算等，财务、会计部门都须进行实质性参与，并为其核算与管理行为、处置后果负责。

（2）其他商法

其他商法具体包括：《中华人民共和国企业破产法》（以下简称《破产法》）、《中华人民共和国票据法》、《中华人民共和国证券法》（以下简称《证券法》）。此外，还有涉外企业法律制度，如《中华人民共和国中外合作经营企业法》；与知识产权相关的法律，如《中华人民共和国著作权法》《中华人民共和国专利法》《中华人民共和国商标法》等；以及与合同债权相关的法律，如《中华人民共和国合同法》《中华人民共和国招标投标法》《中华人民共和国拍卖法》等。这些都与产权财务和会计法律制度体系建设具有相关性。

3. 统一财务制度

1992 年 11 月 30 日，经国务院批准，财政部以中华人民共和国财政部第 4 号令，发布了《企业财务通则》（以下简称《通则》）。后来，财政部对《通则》进行了修订，修订后的《通则》从 2007 年 1 月 1 日起施行。

社会主义市场经济体制下，企业财务成为企业组织经济活动、进行投融资营运及管理的首要部分。近现代企业对投资者合法权益的保障，先有财务，之后才有会计与内部审计，这是企业实行管理的客观秩序。

《企业财务通则》突出了市场经济发展所要求对所有者"权益"的维护和保障，《通则》除适用于金融企业以外，还适合在中国境内设立的"具备法人资格的国有及国有控股企业"。

4. 统一会计制度

1992 年 11 月 30 日，财政部以第 5 号令发布了《企业会计准则》，共十章六十六条。其条款确定以《中华人民共和国会计法》为根据，全面系统地遵循了现代会计学原理对会计实务处理的指导性框架：制定的立足点与会计须遵循的"一般原则"；对各会计要素的基本规定；对投资者权益表述在概念上的创新——"所有者权益"；根据相关的两组会计要素，确立了关于产权价值运动平衡的两个会计等式；对财务报告构成的定位，须系统反映一个会计年度的产权价值运动结果及其对权益的分配。

财政部会计准则委员会所发布的38项"具体准则",已形成一个具有科学性、先进性与系统性的中国会计准则的基础体系。这个具体会计准则体系的制定,既符合中国特色社会主义市场经济下,企业会计改革与发展的实际,又切合国际会计协调的基本要求;既具有对国际会计准则制定基本原理的遵从,也有对制定内容与方法的合理借鉴,体现出向国际会计惯例的逐步靠拢。从基本准则制定到具体准则制定及中国整个会计准则体系建立的过程,又充分显示出财政部和中国会计学界与实务界,在现代企业会计制度建设方面的自主创新。

5. 统一审计制度

《中华人民共和国注册会计师法》第二十一条明确规定,"注册会计师执行审计业务,必须按照执业准则、规则确定的工作程序出具报告"。尤其《中国注册会计师职业道德守则(2020)》、《中国注册会计师质量控制基本准则》和《中国注册会计师职业后续教育基本准则》,从事独立审计工作的注册会计师的职业道德、执业质量与继续教育三者关联为一体,显示出在独立审计准则建制史上的具有创新意义的进步。

6. 统一行业会计制度与独立审计制度

因为会计准则是理论性与原则性较强的会计规范,它在基础层次规范中具有统驭性与指导性作用。以明确会计事项为特征,对分行业会计制度基本上不具有针对性,贴近于行业会计制度却不可以取代具体而切实的行业会计制度。

在基础制度层次区分上,会计准则属于基础性会计制度的第一级次,而行业会计制度属于其下的第二级次。财政部于21世纪初所发布的行业会计核算办法便是行业会计制度的具体表现形式(见表4-1)。

表4-1 21世纪初财政部发布的行业会计核算办法

序号	名称	颁布时间	效力
1	民航企业会计核算办法	财会〔2003〕18号	现行有效
2	施工企业会计核算办法	财会〔2003〕27号	现行有效
3	新闻出版业会计核算办法	财会〔2004〕1号	现行有效
4	铁路运输企业会计核算办法	财会〔2004〕4号	现行有效
5	农业企业会计核算办法	财会〔2004〕5号	现行有效
6	保险中介公司会计核算办法	财会〔2004〕10号	现行有效
7	投资公司会计核算办法	财会〔2004〕14号	现行有效
8	电影企业会计核算办法	财会〔2004〕19号	现行有效
9	水运企业会计核算办法	财会〔2004〕20号	现行有效
10	担保企业会计核算办法	财会〔2005〕17号	现行有效

财政部于2011年10月18日印发通知,决定从2013年1月1日起在小企业范围内施

行的《小企业会计准则》，也起到行业会计制度的作用。

社会主义市场经济本质上是法治经济，其核心立法目标聚焦于保护投资者及所有者的权益。从实践法制的角度出发，这一目标自然而然地贯穿于企业财务、会计管理、内部审计以及独立审计等关键环节，形成了一个从根本法到民商法，再延伸至经济法，层层递进直至基础层面的统一财务、会计与审计制度体系。此体系以维护和确保产权及其相关权益为核心，因此，我们可以将其界定为基于统一财务会计制度控制的产权法律制度体系（见图4-4）。

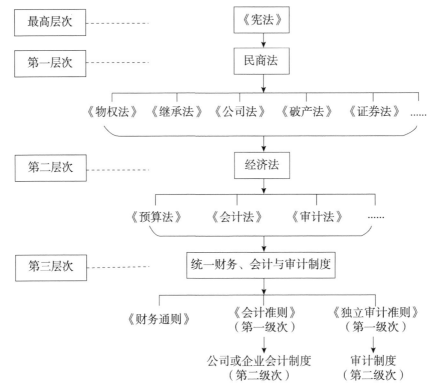

图4-4 基于统一财务会计制度控制的产权法律制度体系

7. 经济类法律制度

经济类法律制度是在《中华人民共和国宪法》统驭之下、在民商法关于产权法律原则统一要求之下的产权财务与会计法律制度体系确立的中心层次，国家的财政经济与企业经济，以及政府会计、企业财务与会计，都是这部分经济法律制度统一一致规范的目标。

（1）《中华人民共和国预算法》

《中华人民共和国预算法》（本书中简称《预算法》）于1994年3月22日公布，于1995年1月1日施行，后来于2014年和2018年分别进行了第一次和第二次修正。《预算法》适应了改革开放新形势下对国家财政预算控制的要求。在规范以预决算管理为中心的政府会计行为、保障与落实国家所有者权益方面具有重要的意义与作用。

《预算法》的制定目的，不仅在于强化预算分配与监督职能，加强预算管理，实现国家预决算收支平衡，还在于维护与保障国家所有者权益。同时，需要从改革市场经济体制出发，建立健全新的预算会计的理论体系与方法体系，以及税务会计的理论体系与方法体系。实行国家预决算一体监督与监察管理，全面进行预决算审计，并建立健全国家预决算在法律意义上的统一受托责任。

（2）《中华人民共和国会计法》

《全国人民代表大会常务委员会关于修改〈中华人民共和国会计法〉的决定》自2024年7月1日起施行。此次修改会计法，保持现行基本制度不变，着力解决会计工作中的突出问题，完善会计制度，加强会计监督，加大对会计违法行为的处罚力度，为遏制财务造假等会计违法行为提供更加有力的法治保障。《中华人民共和国会计法》的主要内容如下。

①立法目的与适用范围

规范会计行为，保证会计资料真实、完整，加强经济管理和财务管理，提高经济效益，维护社会主义市场经济秩序。适用于国家机关、社会团体、公司、企业、事业单位和其他组织（统称单位）的会计事务。

②会计工作的基本原则

会计工作应当贯彻落实党和国家路线方针政策、决策部署，维护社会公共利益；单位负责人对本单位的会计工作和会计资料的真实性和完整性负责；会计机构、会计人员依法进行会计核算和会计监督。

③会计核算

各单位必须根据实际发生的经济业务事项进行会计核算，包括填制会计凭证、登记会计账簿、编制财务会计报告等；会计核算以人民币为记账本位币，业务收支以外币为主的单位可选定一种外币记账，但财务会计报告应折算为人民币；会计凭证、会计账簿、财务会计报告等必须符合国家统一的会计制度的规定。

④会计监督

各单位应建立、健全内部会计监督制度，明确记账人员与其他相关人员的职责权限，并相互分离、相互制约；财政、审计、税务、金融管理等部门对会计资料实施监督检查，并出具检查结论；任何单位和个人对违反会计法规定的行为有权检举。

⑤会计机构和会计人员

各单位根据会计业务需要，设置会计机构，指定会计主管人员，也可委托代理记账机构；会计人员应具备专业能力，遵守职业道德，并接受继续教育和培训；会计人员调动或离职需办清交接手续。

⑥法律责任

对违反会计法规定的行为，如伪造、变造会计凭证、会计账簿，编制虚假财务会计报告等，依法给予行政处罚或刑事处罚；财政部门及有关行政部门的工作人员在监督管理中滥用职权、玩忽职守等，依法给予处分或追究刑事责任。

8.《中华人民共和国审计法》

《中华人民共和国审计法》（本书简称《审计法》）是从国家审计监督与控制的角度，体现《中华人民共和国宪法》中保障社会主义人权与财权的根本精神，坚定不移对所有者"权利"与"权益"予以维护与保障，它是产权财务与会计体系中的重要组成部分，归属于经济法层次。

9.《中华人民共和国注册会计师法》

本法是在中国法制史上，经济立法门类中独立审计立法方面具有开创性意义的立法，它揭开了中国注册会计师事业改革与发展的新篇章。它不但对中国特色社会主义市场经济体制建立及发展具有深刻影响，而且使中国经济顺应了经济全球化发展要求，为中国经济在改革中持续走向国际化创造了先决性条件，其意义十分深远。

《中华人民共和国注册会计师法》共计七章四十六条，规定从 1994 年 1 月 1 日起施行。在这部法律提交通过之前的"讨论稿"阶段，为明确注册会计师的职业性质或从事审计工作的性质，一致确定采用国际通行概念称其为"独立审计"，以此表明这种审计工作在职业性质与工作表现上是独立和具有权威性的，其依法进行的审计与所做出的审计结论具有可靠性，是毋庸置疑的。突出反映在审计工作性质上的独立特色，决定"独立审计与政府审计、内部审计在审计性质上的根本区别"。

（1）"独立审计"目标定位

《中华人民共和国注册会计师法》在第一章"总则"中对"独立审计"法定目标的基本定位，即维护社会公共利益和投资者的合法权益与促进社会主义市场经济的健康发展，这一界定涉及"独立审计"目标定位的三个方面，在立法中的表现是关联一体的，维护"社会公共利益"与"投资者的合法权益"并列，既把以社会经济为出发点的公共利益和国家利益、公司利益与私人利益统一起来，最终又把这几个方面落实到市场经济的健康发展方面，在维护和保障所有者"权利"与"权益"这一核心问题上的关联一致，突出显示了注册会计师在社会主义市场经济体制建立和改革发展中的重要地位与作用，把国际上公认的"独立审计"从立法上提升到一个新的高度。

（2）从事"独立审计"工作的人员

从考试到注册取得从事"独立审计"资格有一系列严格要求，从而使中国注册会计师的法定性资格为国际所公认。

会计师事务所的设立必须遵照法定程序申请获得批准，通常由注册会计师合伙设立，以特殊公司制责任组织形式，成为负有限责任的法人。一旦取得法人资格，便具有从事"独立审计"上的独立性与权威性，不受行政区域与行业的限制。

注册会计师协会是注册会计师的专属组织，也是会计师事务所独立承办审计业务的必然依托，协会对全国会计师事务所和注册会计师具有依法与按照协会章程统一管理上的权威性，协会保障会计师事务所与注册会计师从事"独立审计"业务的独立性与权威性及其合法权益，负责注册会计师的继续教育工作。

注册会计师从事的"独立审计"关系重大，如果发生问题，造成违法后果，便必须承担法律责任，特别是涉及"权益"与"权利"事项，注册会计师所要承担的法律责任是十分严重的。

10.《企业财务会计报告条例》

《企业财务会计报告条例》（以下简称《条例》）于 2000 年 6 月 21 日以国务院令第 287 号发布，自 2001 年 1 月 1 日起正式施行。

企业财务会计报告的真实性、完整性，对于保障与维护各个方面的"权益"与"权利"，成为企业财务会计工作中至关重要的事项。

（1）法定性、真实性与完整性

企业财务会计报告必须具备法定性、真实性与完整性，凡虚假或隐瞒重要事实的财务会计报告，凡任何组织或个人授意、指使、强令企业编制与对外提供虚假或隐瞒重要事实的财务会计报告，一律为违法行为，须追究当事人的法律责任。

（2）财务会计报告架构

以现代财务会计学原理为理论依据，结合企业财务与会计管理实务，规范企业财务会计报告的构成，确定以资产负债表、利润表、现金流量表及其相关附表为主体的企业财务会计报告架构，明确三表各自涵盖的反映产权状况与产权价值运动变化的基本要素，以及这些要素在会计学原理中，所定位的理论与实务处理关系。

在权益概念表述方面，"所有者权益"反映出对产权科学概念的创新，它的传统用词是"股东权益"。但相对而言，作为对"权益"主体词的概括，使用"所有者权益"一词更具有包容性。如在"权益"主体概括上，把国家、企业、集体或集团、私家与个人这些表述主体形式全部包括在内；在具体内容上，把实收资本（或股本）、资本公积、盈余公积、未分配利润等包括在内；在时限与期间划分上，又把月报、季报、半年报与年报包括在内。

（3）会计报表附注

会计报表附注也包括与产权相关联的若干概念，诸如"不符合基本会计假设的说明""重要会计政策和会计估计及其变更情况""或有事项""资产负债表日后事项""关联方关系及其交易"等，这些都关系到报表内容的真实性、正确性与完整性。

（4）国家统一会计制度的规定

特别强调企业财务会计报告编制必须遵循国家统一会计制度的规定，不得随意改变财务会计报告的编制基础、编制依据、编制原则与方法；不得随意改变会计要素的确认与计量标准；不得提前或延迟会计报告编制期间；应在编报前全面清查资产与核实债务，把握涉及资产与负债等各项产权要素，以保障财务会计报告编制的真实、完整、正确。如果发生编制或合并会计报表事项，也须严格遵循以上各项规定。

（5）分辨清楚提供与提交的对象

如涉及对外提供或提交企业财务会计报告事项，除责任要素、手续程序必须完备外，还必须分辨清楚提供与提交的对象，尤其是其中的股份制企业与上市公司，应按照规定向投资者、监事会提供报告，向社会公开财务会计报告中的相关信息，以供社会公众投资者了解掌握。

（6）审计程序

在提供或提交以及公示财务会计报告之前，首先要考虑经过内部审计修正或纠正意见，然后再提交注册会计师进行"独立审计"，这些是提供或提交企业财务会计报告合法性的重要步骤。

课后练习

1. 操作题

通过学习本节课程内容，在（   ）处填入合适关键词，将下面的思维导图补充完整。

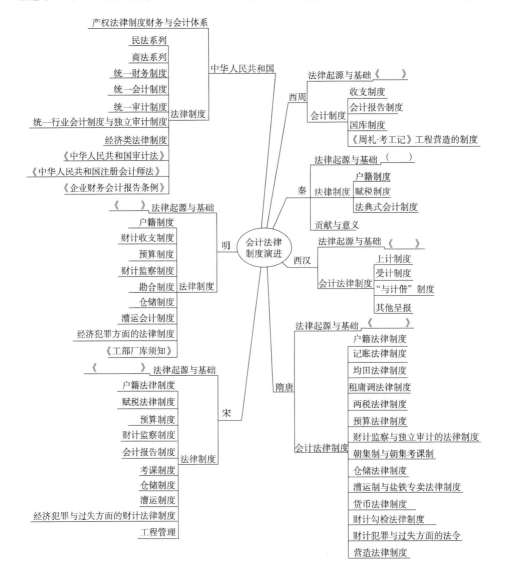

2. **思考题**

从西周至清朝，我国会计法律制度经历了哪些主要的历史演变阶段？每个阶段的标志性成果是什么？

💡 文化链接

睡虎地秦墓竹简，也称睡虎地秦简、云梦秦简或云梦睡虎地秦简，于 1975 年 12 月在湖北省云梦县睡虎地秦墓中发掘出土。这批竹简尺寸长 23.1～27.8 厘米，宽 0.5～0.8 厘米，以墨书秦隶书写，成书时间可追溯至战国晚期至秦始皇时期。总计 1155 枚竹简，包含约 4 万字的内容，不仅展现了篆书向隶书演变的历史阶段，还蕴含了极高的学术价值。

竹简内容广泛，涵盖了秦朝的法律制度、行政文书、医学著作及吉凶时日的占卜书籍。它们被分类整理为《秦律十八种》《效律》《秦律杂抄》《法律答问》《封诊式》《编年纪》《语书》《为吏之道》，以及甲种与乙种《日书》。这些文献涉及农业、仓库管理、货币、贸易、徭役、官吏任命、军爵制度、手工业等多个领域，为全面研究秦朝的政治、法律、经济、文化、医学等提供了宝贵的第一手资料。尤为重要的是，睡虎地秦简中包含了大量秦统一中国前后的法律文献，这是历史上首次系统发现的秦律，有效填补了秦朝法律文书记载的空白，在中国法律史上具有里程碑式的意义。此外，竹简上的秦隶字体，作为篆书向隶书转变的见证，为研究中国书法艺术及秦代社会文化的发展提供了丰富而详实的材料。

✍ 章节巩固

一、单项选择题

1. (　　) 是春秋时期杰出的政治家，以其深远的国务行政与财政经济改革思想著称。

A. 商鞅　　　　　　B. 管仲　　　　　　C. 孔子　　　　　　D. 老子

2. 西周时期，《周礼》详细描绘了周王朝的财计组织体系，其中 (　　) 总领财计考核与监督。

A. 司徒　　　　　　B. 冢宰　　　　　　C. 小宰　　　　　　D. 司会

3. 秦朝建立中央集权制度后，(　　) 专门负责国家财政的管理。

A. 丞相　　　　　　B. 御史大夫　　　　C. 治粟内史　　　　D. 少府

4. 宋朝初期，(　　) 总理财计实现高度集权。

A. 吏部　　　　　　B. 户部　　　　　　C. 三司　　　　　　D. 兵部

5. 在现代财计组织制度中，（   ）通常负责政府财政收支的全面审计监督。

A. 财政部   B. 税务局   C. 审计署   D. 统计局

6. 西周时期，会计法律制度主要根植于（   ）。

A. 秦律   B.《周礼》   C.《大明律》   D.《庆元条法事类》

7. （   ）标志着古代财计法律制度的集大成阶段。

A.《周礼》   B.《大明律》   C.《唐律疏议》   D.《庆元条法事类》

8. （   ）明确了独立审计的目标、地位和作用。

A.《中华人民共和国物权法》   B.《中华人民共和国公司法》

C.《中华人民共和国注册会计师法》   D.《企业财务通则》

二、多项选择题

1. 西周财计组织制度中，（   ）共同构成了较为完备的财政运行系统。

A. 冢宰   B. 中大夫小宰   C. 司会   D. 大府

E. 司市

2. 秦汉时期，财计管理得到显著强化，（   ）体现了这一特点。

A. 实施三公九卿制   B. 设立治粟内史与少府

C. 推行均输、平准政策   D. 加强御史大夫对财计活动的监察

E. 实行上计制度

3. 隋唐时期，三省六部制的建立对财计组织制度产生了深远影响，六部包括（   ）。

A. 吏部   B. 户部   C. 度支部   D. 工部

E. 刑部

4. 宋朝在财计管理方面的改革措施包括（   ）。

A. 设立三司总理财计   B. 推行王安石变法

C. 实行耗羡归公制度   D. 加强御史台对财计活动的监察

E. 设立专门的审计机构

5. 在古代财计组织制度的发展过程中，（   ）促进了财计管理的专业化和规范化。

A.《周礼》对财计组织体系的详细描绘

B. 秦朝三公九卿制中治粟内史与少府的设立

C. 西汉大司农对财计管理的精细化推动

D. 唐朝三省六部制中户部的专业化管理

E. 宋朝设立专门的审计机构加强财计监督

6. 西周时期的会计法律制度主要包括（   ）。

A. 财政原则   B. 财政收入与支出

C. 会计报告制度   D. 国库制度

7. 秦朝会计法律制度中，关于赋税制度的规定包括（   ）。

A. 田租（田赋）　　　B. 口赋　　　　　　C. 刍稿税　　　　　　D. 关市税与商品税

8. 西汉会计法律制度的发展体现在（　　）。

A. 法律条文的完备性增强　　　　　B. 法律体系逐渐形成独立

C. 上计制度的实施与完善　　　　　D. 会计年度的调整

第 五 章

会计核算

会计核算

记账方法
- 古代单式簿记
- 因有复式簿记
- 中式簿记改良
  - 增减记账法（借）
  - 收付记账法
    - 现金收付记账法
    - 连环账法
    - 四脚账
    - 龙门账
- 古代 —— 商代
- 明清
- 近代
- 新中国会计创新发展 —— 1992年至今
- 秦法 —— 唐代

结算方法
- 古代
  - 财户清查
  - 盘点结存
  - 结算法
    - 入（收）出（支出）付（结）收（收入）付（结）
    - 旧管+新收−开除=实在
  - 三柱结算法
  - 四柱结算法
- 现代

会计凭证
- 古代
  - 秦朝 —— 券契
  - 清朝 —— "上下"
  - 傅别、质剂、书契、半券、玉券等票据 —— "券"
  - 合同
- 近现代
  - 体系化构建
  - 革新与飞跃

会计账簿
- 古代
  - 初始形态
    - 自然载体
    - 文字萌芽
  - 发展阶段 —— 陶土 简牍 刻制账簿
  - 明清
    - 形式创新
    - 艺术性
  - 崭新境界
- 近现代
  - 总分类账簿
  - 明细分类账簿
  - 备查账簿
- 当代
  - 标准化
  - 国际化

会计报告
- 上古 —— "大计"制度
- 秦汉 —— 上计簿
- 唐宋 —— 朝集制
- 明清
  - 四柱清册
  - 四柱报销册
- 近代 —— 复式记账报表体系

会计分析
- 先秦 —— "问计"制度
- 秦汉 —— 《元和国计簿》
- 唐朝 —— 《会计录》
- 宋朝 —— 《万历会计录》
- 明朝
- 清朝 —— 《光绪会计录》
- 近现代
  - 缺合
  - 向新

计算技术史 → 会计史
- 计算工具
  - 兴起
  - 《九章算术注》
  - 《洛书算经》
  - 吾玄珠算《计明上江图》
  - 清《算法统宗》
  - 珠算
  - 算筹
- 会计文化
  - 结绳记事
  - 文字记数
  - 计算工具 算等
  - 算表
  - 程大位
- 远古-先秦
- 先秦-唐宋
- 宋元-明清
- 近现代
  - 区块链 大数据 人工智能
  - 理财决论
  - 信息化
- 当代 —— 会计文化

学习目标

◀ **思政目标** ─────────────────────────────

1. 具有认真、严谨的职业精神，养成精准计数和计算的学习习惯和工作习惯。

2. 具有艺术审美意识，感悟会计中的平衡之美。

3. 具备经济活动中法律约束力的认识，养成法律意识和法治观念。

4. 树立诚实守信、严谨细致的职业道德观念，认识准确记录会计信息的重要意义。

5. 养成会计核算系统意识，建立会计工作整体思维。

◀ **知识目标** ─────────────────────────────

1. 掌握中式会计结算三种方法的含义、要素和公式。

2. 熟悉复式记账的三种记账方法，熟练掌握借贷记账法。

3. 了解各时期会计凭证的特点、作用及影响，掌握会计凭证的基本概念、分类、填制要求及其在会计核算体系中的地位和作用。

4. 了解会计账簿的发展历程，熟悉序时账簿、分类账簿、备查账簿等账簿种类的特点和登记规范，理解复式记账法的原理和应用。

5. 理解会计报告在会计核算体系中的地位，熟悉会计报告的组成内容。

6. 理解会计分析的作用，熟悉报表分析的三项核心指标。

◀ **能力目标** ─────────────────────────────

1. 能够认识到四柱结算法在现代会计核算方法体系中的实践应用价值。

2. 能够挖掘我国会计记账方法发展过程中保留至今的精髓，并能用现代会计的专用术语表达。

3. 能够分析不同历史时期会计凭证的特点、作用及影响，理解其背后的经济、政治和文化因素。

4. 能够运用历史唯物主义观点分析会计账簿的发展历程，理解不同历史时期经济、社会、文化等因素对会计账簿发展的影响。

5. 能够分清财务报表的种类，识别资产负债表和利润表的基本结构。

6. 能够识别报表分析指标，知晓各指标在企业财务分析中的作用。

会计文化导入

徐永祚（1891—1959）（见图5-1）是中式簿记改良的主要代表人物，他提出了"改良中式簿记"的理论，并在实践中进行了推广。在1921年创办徐永祚会计师事务所，这是民国时期知名的四大会计师事务所之一。徐永祚参与了多项会计制度的设计和改革工作，著有《改良中式簿记概说》等，他主张借助西方先进的财经理论和制度范式来推动中式会计理论与应用的发展。他致力于传播会计理论、提供会计服务、培养会计人才，对中国会计的发展历程有着重要贡献和深远影响。

图5-1　徐永祚先生

在中国会计发展长河中有着众多著名的思想家、改革家、学者和会计工作者，现代会计核算方法体系中处处体现了历代会计人的思想、理念和智慧。从古至今，中国在会计结算和账项平衡法则的应用，以及会计凭证、会计账簿、会计报告的文化艺术特性等方面，都展现了独特的发展路径。同时，在会计分析和会计工具的特色发展上，中华民族通过共同努力与协同合作，创造了一套具有中国特色的会计核算方法体系。

第一节

会计结算方法

中式会计方法体系源远流长。它起源于最原始的结绳记事和刻契记事，经历了从简单到复杂、从单一到系统的演变过程，形成了一套根植于中华传统文化和经济实践的会计记账和核算方法体系。在这一体系中，会计结算方法扮演着关键角色，作为整个会计方法体系的核心。中国古代会计结算制度经历了从"盘点结算"到"三柱结算"，再到"四柱结算"的演变过程。在这一过程中，会计结算方法在期末结账、编制报表和决策支持等方面都发挥着重要作用，提供了运营情况的综合信息，为预算、决算及管理层决策提供了重要的数据支持。

一、盘点结算法

盘点结算法是通过盘点库存实物来取得各类财物本期保存数的方法。原始社会由于没有结余或者结余很少，所以人们在管理上只关注一柱，即结余，通过盘点期末实物倒挤本期实物的减少数。

（一）中国古代盘点结算法的发展

1. 夏商时期——早期萌芽

中国古代盘点结算法的确切起源难以追溯，但根据现有的考古和文献资料，夏商王朝时期已经有了早期形式的盘点和记录系统。

商朝时期，青铜器的广泛使用和贸易的发展促进了经济活动的增加。商朝的甲骨文中有大量关于祭祀、战争、天文历法等方面的记录，其中也包含一些与经济活动相关的信息。商朝的当权者为了管理国家财政，会进行定期的资源盘点和记录，以确保税收的征收和国家资源的合理分配。这一时期已经有了盘点结算法的雏形。

2. 西周时期——较为系统

有确切文字记载的盘点结算法在西周时期就已经出现。《周礼》这一部中国古代经典文献中，详细记载了西周时期的政治制度、官职分工以及相关的行政管理制度，其中，关于古代盘点结算法的记载主要体现在对国库管理和审计职能上。根据《周礼》的记载，西周设立了专门的官员负责财政管理和审计工作，其中包括对国家财产的盘点和结算。例如，小宰掌管财物，下设宰夫负责稽查财物出入情况，宰夫进行审计时，需要进行财物盘点工作，以确保账实相符。

3. 秦汉时期——发展完善

秦汉时期，盘点结算法得到了进一步的发展和完善。秦朝建立了中央集权的郡县制，制定自下而上的"上计制"，强调对国家财产的严格控制和管理。汉朝继承并发展了秦朝的制度，在财政收支中采用钱粮分管原则，谷、钱、粮分别核算，其中包括定期的盘点和结算。

4. 唐宋时期——日渐繁荣

唐宋时期是中国古代经济的繁荣时期，盘点结算制度更趋完善。唐朝实行"三省六部制"，在户部下设有金部和仓部，分别掌管全国的库藏钱帛和仓储禄廪，并相互配合与牵制。宋朝几经波折设立了三司以专掌财计，以盐铁、户部、度支三部合为三司，分别管理不同方面的财政事务，并实行严格的盘点和审计制度。

（二）现代会计体系中的盘点结算法

进入现代社会，盘点结算法演变为财产清查，是会计核算方法体系中的一个专门方法，是企业会计和财务管理中不可或缺的一环。

1. 含义

财产清查是指根据账簿记录，对企业的各项财产进行实地盘点或核对账目，查明各项财产的实存数，确定实存数与账存数是否相符，并据以调整会计账簿，保证账实相符的一种专门方法。

2. 分类

财产清查按照清查范围可分为全面清查和局部清查；按清查时间可分为定期清查和不定期清查。

3. 方法

财产物资的盘存方法有永续盘存制和实地盘存制两种。在财产清查过程中，须编制"盘存单""账存实存对比表"等相关原始凭证，分析财产清查结果的原因并进行账务处理。

4. 要求

为了保证会计信息的真实可靠和财产物资的安全完整，提高资产的使用效率，企业必须建立健全财产清查制度，对库存现金、银行存款、存货、固定资产、往来款项等资产进行定期或不定期的盘点和核对。

《中华人民共和国会计法（2024年）》要求各单位应当建立、健全本单位内部会计监督制度，对于财产清查的范围、期限和组织程序应当明确。

总的来说，盘点结算法的起源和发展历程体现了人类社会经济活动的不断进步和演变。从最初的简单实物盘点到现在的复杂会计核算体系，盘点结算在确保财产安全、提高管理效率和促进经济发展方面发挥了重要作用。

二、三柱结算法

三柱结算法(又称"三柱法")是我国古代会计中一种重要的结算方法,是根据本期收入、本期支出和期末结余这三项之间的关系,结算本期财产、物资增减变化过程所得结果的一种方法。

(一)起源与发展

三柱结算法萌芽于西周。西周时期中国进入奴隶制经济繁荣发展的鼎盛时期,随着社会生产力的提高和管理思想的进步,人们开始重视对"入"(收入)和"出"(支出)的分项管理,以更全面地控制生产活动和社会生活。到了秦汉时期,三柱结算法基本确立,成为我国官厅及民间会计的基本结算方法。三柱结算法一直沿用至唐朝初年,到了唐朝中期,随着四柱结算法的产生,三柱结算法逐渐被取代。

(二)要素与公式

三柱结算法的基本要素包括"入"(或"收")、"出"(或"付")、"余"三项。其中,"入"或"收"代表期初结存和本期收入的总和,"出"或"付"代表本期支出,"余"则代表期末结余。以三要素之间的相互关系为依据,计算一定时期内某种财产的增减变化及其结果。其基本表达方式为:

$$入(收入)-出(支出)=余(结余)$$
$$收(收入)-付(支出)=余(结余)$$

(三)特点与意义

1. 全面性

三柱结算法将一定时期的全部经济业务区分为入(收)、出(付)、余三要素,能够全面反映财产物资的增减变化。

2. 简单性

核算过程相对简单,基本公式简洁明了,易于理解和应用,适用于经济活动较为简单的早期社会。

3. 实用性

作为我国官厅及民间会计的基本结算方法,三柱结算法在我国古代会计实践中发挥了重要作用,为后世的会计发展奠定了基础。

(四)进步与影响

由于盘点结算法是非账面结算,导致账与实处于脱节状态,一些管理漏洞无法从根本上得到填补，而三柱结算法却实现了账面结算与实际盘点的结合，有效地解决了对账实相符的管理问题，以使各类财产物资反映在收入、支出、结余环节上的漏洞得以填补，所以，三柱结算法的应用及其制度化，不仅是会计方法体系建设上的进步，还是财计管理上的进步。

三柱结算法通过对收入、支出和结余的管理，帮助古代会计人员有效地追踪和控制财产物资的流动，从而维护了国家财政的稳定和商人的商业利益。它的出现反映了社会生产力发展和人们管理思想与能力提高，为会计结算方法的发展奠定了基础。

三、四柱结算法

三柱结算法仍存在局限，"入"或"收"中既包含上期期末转入数，又记录本期增加数，易导致上期数和本期数混淆不清。因此，把要素清晰划分的四柱结算法（又称"四柱法"）才是中国会计核算方法的精髓。

（一）秦朝——思想基础的起始

中国从秦朝便开始应用了四柱结算法，湖南湘西里耶秦简中提到了四柱结算法，"四柱"简与释文如图 5－2 所示。

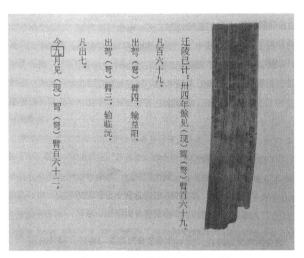

图 5－2 "四柱"简与释文①

根据简文书写与列示方式分析，记录者在第一行仅仅说明卅四（34）年库存所余弩臂之数，并非将其作为卅五（35）年收入对待，而用"凡百六十九"表示上期结存转至卅

① 王焕林．里耶秦简校诂［M］．北京：中国文联出版社，2007.

五（35）年的弩臂总数，以此作为结算中的一个要素。这一点正是会计结算思想进步的重要表现，也是实现由"三柱结算"向"四柱结算"转变的思想基础。

（二）西汉——规范应用

西汉官厅已经实现了对四柱结算法的规范化应用。月为季之基数，季为年之基数，"四柱结算"，一贯到底。

（三）唐朝——华丽转变

四柱结算法的发展经历了从三柱法向四柱法的转变。在唐朝中期，会计结算方法仍以三柱结算法为主，这种方法无法清晰地区分本期收入与上期结余。中唐以后，开始出现"元给"和"新加"两个新的会计项目，标志着向四柱结算法的过渡。

把"上期结存"与"本期收入"明确划分开来，是国家财计控制上的重要进步，它从根本上堵住了财物转期参加结算与新收财物数易于发生混同的漏洞，防范了可能发生的贪污盗窃与会计舞弊现象，也因为实行科学而严密的会计结算方法，促使整个会计方法体系建立达到彼此连接、协同一致的目的。

在唐朝中期的官厅会计核算中，已经有了"四柱"基本名目的运用，并在宋朝得到进一步完善。

（四）宋朝——广泛应用

宋朝是四柱结算法的关键发展时期，在这一时期的会计核算中，"四柱"的概念得到了明确和统一，即"旧管"（上期结存）、"新收"（本期收入）、"开除"（本期支出）和"实在"（期末结存）。

在中国古代法律文献《庆元条法事类》中，记载了"应在"一柱，通常指的是在会计记录或财产登记中应当计入的部分。这一概念与四柱结算法中的"实在"相对应，这表明宋朝官厅将"四柱结算"的规则与方法纳入法律。南宋进一步对"四柱"账式标准做出统一规定，使"四柱"账式编报法制化。宋朝的会计报告中，"四柱结算法"的运用使经济活动的记录更加系统化和科学化，有助于更准确地反映和监督国家经济活动。

1. "四柱式"四要素

宋官厅所用"四柱"名目，简洁明了，表述恰切，使用规范划一。

"上期结存"一柱表述为"旧管"，即上一会计周期结束时的结存金额，也就是期初余额，它是计算本期余额的起点；"本期收入"一柱表述为"新收"，即在当前会计周期内新增的金额；"本期支出"一柱表述为"开除"，即在当前会计周期内减少的金额；"期末结存"一柱表述为"实在"，即当前会计周期结束时的结存金额，也就是期末余额。

这四个要素在会计结算中起到了核心作用，类似于支撑大厦的四根支柱，因此得名四柱结算法。

2. "四柱"结算公式

"四柱"之间的结算关系遵循基本公式:

$$旧管 + 新收 - 开除 = 实在$$

这一公式也被称为"会计方程式",能够准确反映一定时期内的财务收支活动和经营活动的成果,强调了收支结余的内在联系,并能够清晰地区分上期结存与本期收入。因此,这种方法不仅体现了经济活动的全过程,而且有助于清晰地反映账户的动态变化和最终结余。

(五)明清——全面应用

到了明朝,四柱结算法得到了进一步的规范化和标准化,成为政府会计报表的标准编制方法,强调按旧管、新收、开除和实在"四柱"编报,并要求报表逐级汇总上报。明朝的会计著作,如《万历会计录》,展示了四柱结算法在实际应用中的详细记录和分析。

值得注意的是,四柱结算法还只是单式记账,它的双栏式记账思想和对收支平衡的强调,为后来复式记账体系的发展奠定了基础。现代会计理论中的借贷记账法,虽然在形式上与四柱结算法有所不同,但其内在的平衡原则和对经济活动全面反映的要求,与四柱结算法有直接的联系。"四柱平衡公式"和"四柱差额平衡公式"在概念上与现代会计中的双入双出原则相似,都是为了确保账目的平衡和准确性。四柱结算法的这些影响一直延续至今,尽管现代会计在技术和法规方面有了显著的发展,但四柱结算法所体现的基本会计原则仍然是现代会计理论和实践的基石。

中国国古代数学思想对会计的发展影响深远,从"一柱盘点",到"三柱结算",再到"四柱结算",都是运用数学方法进行计数和计算,会计与数学相辅相成、密不可分。在这一过程中始终保证精确计量是最基本的原则,精确计量关系到会计结算方法的正确运用,乃至整个会计方法体系的应用全局。财政部发布的《会计人员职业道德规范》中规定会计人员应"严格执行准则制度,保证会计信息真实完整"。因此,作为会计人员应秉持认真严谨的工作态度和精益求精的工匠精神,实现精确计量记录、精准核算与精准结算的连接,为会计系统化工作的良性循环保驾护航。

📝 课后练习

1. 操作题

通过学习本节课程内容,在(　　　)处填入合适的关键词,将下面的思维导图补充完整。

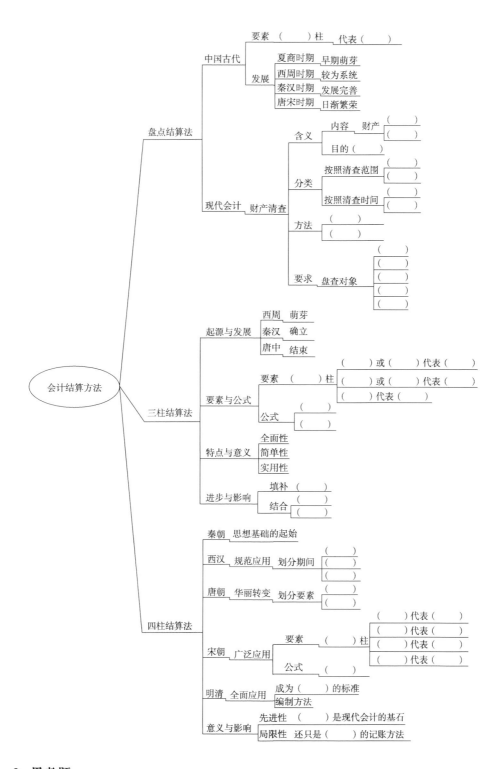

2. 思考题

如果某个核算环节出现错误，会对整个会计核算过程产生什么样的影响？请结合专业知识学习过程或工作过程，思考如何保证会计数据的准确性。

第二节

记账方法

四柱结算法的发展、完善、普及、运用，不仅为中国会计分析方法的产生创造了基本条件，还为中国由单式记账发展到复式记账奠定了基础。在四柱结算法的影响之下，明末清初时期出现了中国固有复式记账法的早期形态——"龙门账"；受四柱结算平衡和四柱式会计报告编制方法的影响，这个时期的民间会计产生了中国固有的复式记账法——"四脚账"。近代，随着西式复式簿记的引进，中国固有复式簿记退出历史舞台，经过改良中式簿记，出现了现金收付记账法。中华人民共和国成立后，又产生了增减记账法。随着改革开放和社会主义市场经济的发展，中国现代会计经过改革创新建立了具有中国特色的借贷记账法。

一、中国古代单式簿记

中国古代单式簿记是一种早期的会计记账方法，对每一项经济业务只在一个账户中登记，只反映经济业务的一个方面。

这种记账方法起源于商朝，借助甲骨和利器进行记录和计量，记录符号相对固定，如"入""来""氐""用""取""示"等。秦汉时期，秦始皇一统天下，实现了货币、度量衡、文字的统一；汉武帝时期，"丝绸之路"基本成型，汉代简牍上呈现定式简明的单式会计记录方法，使用"入""收""受""出""用""取""付""余"等作为记账符号。唐宋时期出现了"四柱结算法"和"四柱清册"，这一时期的会计方法系统反映了国家经济和私人经济活动的全过程，为中式会计从单式簿记向复式簿记的演变奠定了基础。

单式簿记的特点是结构相对简单，便于快速记录和查询。但它无法直接反映账户之间的相互关系和资金流动的完整性。当需要追溯某一笔交易时，需要查找其他相关凭证，操作烦琐。由于缺乏账户间的平衡关系，单式簿记难以及时发现和纠正记账错误。

二、中国固有复式簿记

明清时期是中国单式簿记向复式簿记过渡的关键时期，会计制度有了新的突破，出现了"龙门账"和"四脚账"，后者是一种比较成熟的复式记账方法，其基本原理与远在大洋彼岸的西式复式记账法不谋而合。

（一）龙门账

龙门账是我国最早的复式记账方法，始于明末清初的商业界，据说由一位山西商人始创,是我国民间商业流行的一种会计核算形式。

1. 龙门账的四个要素

随着富商资本日益雄厚,包买制的产生将原材料市场和产品销售市场分离开来,有资本实力的商人把资本主要投向手工业生产,商业和手工业之间发生了频繁的"人欠""欠人"业务,债权和债务的交互清算直接触及所有者的权益,伴随货币经济的发展,业主们对所有者权益的精确核算更加重视。原有的四柱结算法仅独立考虑单个账户的收入、支出、结余情况,可以说是一种单轨结算方法,显然已无法满足当时的商业经济发展变化。业主会计进一步明确了资本、资产、负债与权益之间的关系,将经济业务分成"进""缴""存""该"四类,这也就是龙门账的四个要素,即四类账项:"进"——收入类;"缴"——费用类;"存"——资产类;"该"——资本和负债类。

2. 龙门账的平衡等式

龙门账的核心原理是"合龙",基于经济活动中客观存在的经济平衡关系,即"进缴"差异与"存该"差异之间的平衡关系。具体来说,合龙的基本账理是:尽管企业的经济收支活动千变万化,但在一定时期内,"进缴"活动的结果与"存该"活动的结果必然相等,必然平衡。这一原理可以表示为下面这个等式:

$$进 - 缴 = 存 - 该$$

将账项分为两个平行的轨道进行计算和核对,如果两者计算出的盈亏完全一致,称为"龙门相合",反之,则为"龙门不合"。只有当"龙门相合",并且经过查核无误后,才能加盖"龙门相合"的戳记,表明本期结算完毕。通过双轨结算盈亏,验证本期会计账项平衡情况,以确保结算的准确性。

3. 龙门账的报表形式

在实际操作中,龙门账设有进缴结册和存该结册两种会计报表。进缴结册相当于损益类报表,它反映了企业在一定会计期间的收入(进)和支出(缴)的情况。存该结册则相当于资产负债类报表,它展示了企业在某一特定日期的资产(存)和负债、所有者权益(该)的结构。

龙门账通过"合龙"结算实现双轨计算盈亏,以检查账项的平衡关系,确保会计信息的准确性和可靠性。

(二) 四脚账

清朝中期,以票号、钱庄为代表的旧式金融业已十分发达,推进了中国固有复式簿记的应用和发展,在龙门账的基础上又产生了更为完善的演进形态——四脚账。

1. 四脚账的平衡原理

四脚账运用"天地合平账法",采用中式账簿通用的格式,即一张账页以中线为间隔,上收下付,或上来下去。相关账页及账页之中记录方向的选择,完全由相关经济业务所引发的资金流动方向而定，资金的来源方向记录在相关账页的来账方向，即账页的上方，为收方，称为"天"；资金的终极去向则记录在相关账页的去账方向，即账页的下方，为付方，称为"地"。上下两格所登记的数额必须相等，即所谓"天地相合"。与龙门账相比，它更加完善，能够更准确地反映经济业务的收付情况和账务处理的正确性。

2. 四脚账的记账规则

四脚账的记账规则强调"有来必有去，来去必相等"，即无论是现金收付事项还是非现金收付事项（转账事项），都在账簿上记录两笔，既记入来账（收方）也记入去账（付方），并且来账和去账所记金额必须相等。

四脚账的基本原理与西方的借贷记账法相似，尤其在盈亏计算、结册编制以及平账原理的运用等方面，与西式的借贷记账法有着异曲同工之妙。这表明四脚账在中国会计发展史上是一个重要的转折点和里程碑，为后来结合国外会计方法的新记账方式的创建奠定了基础。

三、中式簿记改良

近代，一批有驻外经历的外交官、赴国外留学的学者，将西式复式簿记制度引进中国，开启中式会计的改良与改革之路。在保留中式簿记原有部分的基础上，适当吸收西式簿记的原理和方法，形成新型的记账方法体系。

（一）蔡锡勇：连环账法

蔡锡勇（1847—1897），清末福建龙溪人。他是中国速记法的创始人。曾作为翻译、参赞随使美国、秘鲁、日本等国，在会计领域以著述方式引进意大利复式簿记，撰写《连环帐谱》一书，在他病逝后由其子蔡璋与蔡琦校订，于1905年整理出版，成为中国第一部引进西式复式簿记的专著。

《连环帐谱》参照意大利学者、近代会计之父卢卡·帕乔利介绍的借贷记账法，以中式商业会计为对象设例切入，通过"设题六十则"的完整的账务处理过程，为读者讲解了西方复式簿记原理的中式应用。

1. 统一计量单位

白银为记账本位币，表示为"银××××"。

2. 记账符号

账户"借方"译为"该（收）"，贷方译为"存（付）"。

3. 记账规则

"一该一存，一收一付"，是指任何货物的进出都应有明确的来源和去向，此收即彼付，此该即彼存，彼收即此付，彼该即此存。

4. 账务处理程序

第一步：在流水簿上对发生的业务进行整理，主要用"收""付"表示；

第二步：在汇清簿上将流水簿上的业务进行会计记录，相当于现在的记账凭证，设置"货款""银款""期票""甲号""乙号"等账户，以"存""该"为记账符号；

第三步：根据汇清簿上的会计记录登记总账簿中的相关账户，并定期结出各个账户的余额，然后编制总账，上存下该，由右至左，按月划分；

第四步：在总结单上将各个账户的该项和存项分别汇总，相当于现在的科目汇总表，比较该项之和和存项之和，若结果相等，即为试算平衡，说明账务处理基本正确。

5. 连环之绝妙

收付、存该形成连环，收付的结果和存该的结果也必然连环，半年或一年进行结账时，该项之和与存项之和必然相等，此为"连环账"。

《连环帐谱》的出版对中国会计思想的进步产生了深远的影响，其所阐述的中西结合的记账原理对后续改良中式簿记的形成有直接的影响，在中国会计发展史上具有开创性的意义。

（二）徐永祚：现金收付记账法

徐永祚主要的会计成就是对中式簿记的改良。虽然一开始他主张废弃中式簿记，改用西式簿记，但是经过一段时间的会计师执业实践后，他发现完全照搬是不可行的，于是，经过充分调研撰写了《改良中式簿记实例》。

他认识到我国传统会计为世界会计所做的重大贡献，尤其十分肯定"四柱结算法"在会计中的作用：结算必用四柱法。所谓四柱法者，即吾国古代四柱清册之旧管、新收、开除、实在是也。凡各种账簿之结算，必分别四柱；各种结算表之编制，必表现四柱。此为本方案特别采用之方法，其效用无穷。

经过徐永祚改良改造后的中式簿记就是现金收付记账法，这种方法仍然沿用中国传统的记账习惯以"收""付"为记账符号，实行账目分类，每笔经济业务无论是否涉及现金实际收付，都会按照现金的概念来记账。具体来说，收入现金时，在相关账户中记"收"，付出现金时，在相关账户中记"付"。对于不涉及现金的经济业务，会进行虚拟的现金收付处理，即"虚收虚付"，以保持账目的完整性和系统性。

徐永祚的改良中式簿记思想及实践，不仅在理论上丰富了中国会计的内涵，而且在实践中推动了会计改革的进程，其影响力延续至今。改良中式簿记的推行，反映了中国会计制度在全球化背景下的自我调整和完善，使会计信息更加符合国际标准，有助于提升中国企业的会计透明度和国际竞争力，便于跨文化交流。

四、中华人民共和国会计创新发展——增减记账法

增减记账法是在中华人民共和国成立后我国会计工作者为适应社会主义经济建设而首创的一种复式记账方法。

（一）历史沿革

1947 年，梁润身在《公信会计月刊》上发表文章《以增减分录法代替借贷分录法之商榷》，但并没有引起广泛重视。1963 年，国务院颁布《会计人员职权试行条例》，指示要改革记账方法。1964 年，商业部财会局开始研究记账方法，设计出增减记账法，以适应商业系统的实际需要。1965 年，财政部发布《企业会计工作改革纲要（试行草案）》，增减记账法在全国商业企业所属系统推行。1966 年，增减记账法在全国商业系统全面推行，并在工业企业和其他行业中得到广泛应用。直到 1993 年，"两则两制"实施后，被借贷记账法代替。

（二）记账原理

1. 账户设置
账户分为资金来源类账户和资金占用类账户两大类，不能设置双重性质的账户。

2. 记账符号
增减记账法是以"增""减"为记账符号的复式记账方法。"增""减"符号分别同增加、减少意思一致。凡经济业务引起资金来源或资金占用增加，就在账户中记"增"；凡经济业务引起资金来源或资金占用减少，就在账户中记"减"。

3. 记账规则
企业的经济活动主要体现在资金的运动上，资金有来（资金来源）有去（资金占用），且来去相等。在企业经营过程中，资金运动主要有以下四种情况：资金流入企业——资金来源增加，资金占用增加；资金流出企业——资金来源减少，资金占用减少；来源内部转化—— 一项资金来源减少，另一项资金来源增加；占用内部转化—— 一项资金占用减少，另一项资金占用增加。

因此，增减记账法的记账规则就是：两类账户，同增同减，金额相等；同类账户，有增有减，金额相等。

4. 试算平衡
（1）本期发生额试算平衡公式：差额平衡

资金来源类账户本期增方发生额合计 – 资金来源类账户本期减方发生额合计 = 资金占用类账户本期增方发生额合计 – 资金占用类账户本期减方发生额合计

（2）期末余额试算平衡公式：自动平衡

资金来源类账户期末（期初）余额合计 = 资金占用类账户期末（期初）余额合计

期末余额 = 期初余额 + 本期增方发生额合计 − 本期减方发生额合计

5. 记账载体

会计凭证分为单式记账凭证和复式记账凭证，复式记账凭证又分为专用凭证和通用凭证。会计账簿账页一般采用一栏式、三栏式和多栏式，三栏式账页设"增加""减少""余额"三栏。

增减记账法简单明了、易学易用，曾引起国内外学者的广泛关注。但是，随着会计准则的国际化和企业经济活动的复杂化，增减记账法的局限性变得越来越明显，逐渐被更科学、更先进的记账方法取代。

五、中国现代会计改革创新——借贷记账法

1978 年，中国现代企业基础管控体系建立并发展。1992 年，我国实现了改革会计核算制度和财务管理模式的重要转变，11 月财政部发布了《企业会计准则》，其中第八条规定，会计记账采用借贷记账法，从而统一了我国的会计记账方法。

随着我国加入世界贸易组织，在经济全球化背景下，2006 年 2 月，财政部发布了《企业会计准则——基本准则》（以下简称"基本准则"）和 38 项具体准则；2014 年修订基本准则和 5 项具体准则，新发布 3 项具体准则；2017 年修订 6 项具体准则，新发布 1 项具体准则；2018 年修订 1 项具体准则；2019 年修订 2 项具体准则。截至 2019 年 6 月，我国会计准则体系已趋于完善，即企业实行《企业会计准则》（包括基本准则和 42 项具体准则），小企业实行《小企业会计准则》，行政单位和事业单位实行《政府会计准则》（包括基本准则和 9 项具体准则）。

综上所述，目前我国的会计基本原理梳理如下。

1. 会计核算方法体系

我国会计核算方法体系包括设置账户、复式记账、填制和审核凭证、登记账簿、成本计算、财产清查和编制会计报表。

2. 会计要素和会计等式

我国企业会计要素有六项，包括资产、负债、所有者权益、收入、费用、利润。其中，前三项反映企业财务状况，又称资产负债表要素，它们之间的关系用以下会计等式表示：

资产 = 负债 + 所有者权益

后三项反映企业经营成果，又称利润表要素，它们之间的关系用以下会计等式表示：

收入 − 费用 = 利润

企业在会计期间内任一时点上，即未结账之前，会计等式转化为以下形式：

$$资产 = 负债 + 所有者权益 + （收入 - 费用）$$

到了会计期末，企业结账之后，会计等式又恢复到最初形式：

$$资产 = 负债 + 所有者权益$$

各会计要素之间的相互关联，特别是"资产 = 负债 + 所有者权益"，无论企业在生产经营过程中发生什么样的经济业务，都不会破坏这种平衡关系，因此，该公式被称为会计平衡公式、会计恒等式或会计基本等式。

3. 账户的金额要素

账户一般要提供四个金额要素，即期初余额、本期增加发生额、本期减少发生额和期末余额，其中，本期增加发生额、本期减少发生额统称为本期发生额。这四个金额要素之间的关系表示为：

$$期末余额 = 期初余额 + 本期增加发生额 - 本期减少发生额$$

这与"四柱结算法"的核心思想相一致。

4. 复式记账与借贷记账法

我国采用复式记账，即对发生的每一项经济业务都以相等的金额在相互关联的两个或两个以上账户中同时进行记录。我国的复式记账采用借贷记账法。

（1）记账符号："借"和"贷"。

（2）记账本位币：人民币。

（3）账户结构：资产、成本、费用类账户，增加记借方，减少记贷方；负债、所有者权益、收入类账户，增加记贷方，减少记借方。

（4）记账规则：有借必有贷，借贷必相等。

（5）试算平衡：通过汇总计算和比较，检查某一会计期间账户记录是否正确、完整。包括以下两种平衡关系：

$$全部账户借方发生额合计 = 全部账户贷方发生额合计$$

$$全部账户期初（期末）借方余额合计 = 全部账户期初（期末）贷方余额合计$$

5. 财产清查

关于财产结算的讲述请参考本章第一节，会计凭证、会计账簿、会计报表请分别参考本章第三、第四、第五节。

从艺术的角度看，会计也属于美学范畴，它不仅包含真实美、对称美、秩序美、结构美、简约美、统一美、和谐美，还体现在平衡美上。

歌德认为，复式记账是人类心灵中产生的最伟大的发明之一，每一个精明的商人从事经营活动都必须利用它。德国学者沃纳·松巴特认为，创造复式记账的精神，也就是创造伽利略和牛顿系统的精神。

会计平衡的方法作为会计的逻辑思维方式，从三柱结算平衡到四柱结算平衡，从龙门账的"合龙"原理和四脚账的"天地合平账法"到《连环帐谱》的"连环账法"，再到复式记账的现金收付记账法、增减记账法及如今的借贷记账法，饱含着中国人的智慧和改革创新精神，沿着这条清晰的历史脉络，我们应该传承会计文化的精髓，让其继续发光发热，薪火相传，生生不息。

课后练习

1. 操作题

通过学习本节内容，在（　　　）处填入合适关键词、语句，将下面的思维导图补充完整。

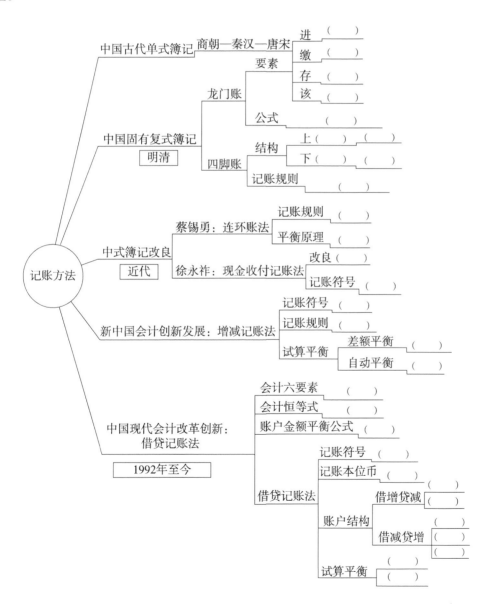

2. 思考题

小组讨论会计等式和试算平衡的关系表达式可以在我国复式记账发展史中的哪些标志性成果中找到身影。

第三节

会计凭证

记账方法与会计凭证在会计体系中紧密相连，两者之间的关系，可以说是"源"与"流"的关系。前者提供了会计信息记录的逻辑框架，后者则是经济业务转化为会计信息的具体书面证明。没有记账方法的指导，会计凭证的填制将失去规范性和系统性；同样，没有会计凭证作为支撑，记账方法也只能是空洞的理论。它们共同构成了会计工作的基础，既确保了经济业务的准确记录，又为后续的会计处理和财务报告编制提供了坚实的支撑。

一、中国古代会计凭证的演进

中国早在"官厅会计"起步阶段，便把会计凭证当作"法"或"式法"对待，以此树立会计凭证的权威性与法定性，这也是此后中国会计界对会计凭证法律证据效力原理的基本认识。

（一）西周时期：会计凭证的规范化与法律效力的确立

西周，作为中国历史上一个重要的朝代，其政治制度、经济体系及文化发展均达到了较高的水平。在这一时期，会计凭证的使用已经趋于规范化，并在法律上确立了其重要地位。《周礼》作为西周时期的重要典籍，详细记录了当时的政治制度与经济管理方式，其中关于会计凭证的描述尤为关键。

1. 会计凭据的法定性

《周礼》中提到："凡税敛掌事者受法焉。及事成，则入要贰焉。"这里的"法"指的是征税时由司书下达的明确指令，它不仅规定了应征之数的具体数额，还明确了征收过程中的操作规范。征收者在完成征税任务后，需将"要会"（一种汇总的会计凭据）副本提交给司书，以便司书依据"法"进行复核与检查。这一过程不仅体现了会计凭证在税收管理中的重要性，还彰显了会计凭证作为经济活动法律凭证的重要地位。

2. 经济活动的契约载体——书契

《周礼》中还频繁提及"书契"一词，用以指代与财物收支相关的各种凭据。小宰在听取财物交接时需以"书契"为据，质人则负责稽查市场上的"市之书契"。这些"书契"不仅是商品买卖交易的直接证据，还是借贷、租赁等经济活动中不可或缺的契约文书。西周时期对"书契"的广泛应用，不仅促进了商品经济的发展，还为后世会计凭证制度的形成奠定了基础。

3. 会计文化特色的初步形成

西周时期，会计凭证的使用不仅体现了会计管理的规范化与法制化，还与会计文化的建设紧密相连。通过书契的形式，经济活动双方明确了各自的经济与法律责任，形成了具有制约性的契约关系。这种契约关系不仅保障了经济活动的有序进行，也促进了会计诚信文化的形成。同时，书契的签押、保管与传递等流程，体现了古代会计人员的专业素养与职业道德。

（二）秦朝：会计凭证称谓的统一与法制化

秦朝作为中国历史上第一个统一的中央集权国家，其在经济、政治、文化等多个领域进行了大刀阔斧的改革。在会计凭证方面，秦朝不仅统一了称谓，还进一步强化了其法律效力与管理机制。

1. "券"作为会计凭证的正式称谓

秦朝将经济凭证统一称为"券"，这一称谓不仅简洁明了，而且具有广泛的社会认可度。管理仓库的官员在发放财物时，必须依据领取者所持的合法"券"进行核对与发放。这一规定不仅提高了物资管理的效率与准确性，还强化了"券"作为会计凭证的法律地位。

2. 会计凭证的法律效用

秦朝对会计凭证的法律效用给予了高度重视。仓库收发财物所依据的出入"券"，被视为财物所有权转移的直接证据。秦律规定，仓库管理人员必须妥善保管这些"券"，并在年终结算时以此为依据核算财物的收入与支出。任何一份"券"的散失，都可能导致财物的丢失与责任的追究。这种严格的法律规定不仅保障了会计凭证的完整性与真实性，还促进了经济活动中的诚信与规范。

3. 凭证联次制约关系的建立

秦朝的会计凭证一式数份，或一式数简，用意已很清楚，并且秦律认可凭证联次之间所形成的制约关系。秦律规定，凡县与都官在点检财物或处理会计事项时发生过失，依律应当赔偿，须将赔偿之数分摊给各当事人，并发给每人同一式样的木券一份，根据木券向少内交纳应赔偿之数，少内凭木券收取。如果财物有盈余之数应当上交，也应由官府发给木券，以规范木券上交。

秦简中讲的"参办券"，是指一式三份的券书，相当于后世一式三联凭证，一般也指一式三份木券。"参办券"的应用在战国时期已有，至秦朝时使用已很普遍，并且也很频繁。

秦朝会计凭证的专业化程度有明显提高，凭证联次在经济活动责任追究机制中作用的提高，以及在解决凭证联次制约关系涉及的科学性方面所体现出来的突出进步，都是中国先秦时代所不及的，其历史成就对两汉会计凭证运用水平的提高以直接影响。

（三）清朝：会计凭证应用的全面性与艺术性

中国的"会计凭证"兼具使用上的文化艺术性与普遍性，不仅广泛应用于官府机构，还在民间契约的订立中占据重要地位，至明清时期，其在民间的应用已极为广泛且普及。

1. 官厅与民间会计凭证应用

针对不同财政经济环节的实际情况，税征部门会相应地设计不同联次的串票，以满足各方的具体需求。

一些清朝官商共同开办的冶炼矿厂使用了"循环流水印簿连五串票"，这一凭证制度是在综合考虑了多方面责任关系后确定的。如"（广东）各厂所收铜铅金银，令该管道员发给地方官循环流水印簿连五串票，将每日所出铜铅金银各若干填注流水簿，分截串票，一缴该管道员衙门，一存地方官稽察，一付商人存照，其串根流水一月一缴，该管道员衙门察核仍十日一次，申报督抚及司道衙门稽考"。

通过多联次的串票，可以详细记录矿厂的生产与收购情况，从而在税征责任环节上有效防止错征、漏征与少征等事故的发生。归根结底，无论是会计凭证的设定目标还是联次安排，其核心目的是更好地服务于财政收入的管理与征收工作，确保税收准确无误。

2. 会计凭证的艺术性

清官厅为区分夏征与秋征，把凭证的时限区分为"上忙"与"下忙"，形制上简称为"上下忙"，让人体验到两税凭证应用在时间界定上的特殊性与艺术特征。

二、现代社会会计凭证

现代会计凭证从模糊到清晰、从简单到复杂的转变，反映了会计信息在经济决策中的重要性。作为会计信息的重要载体，其质量和规范性直接关系到会计信息的真实性和可靠性。

（一）会计凭证的萌芽与探索

在会计制度的早期阶段，虽然"会计凭证"这一术语尚未被明确界定，但类似功能的记录方式已经广泛运用于经济活动。这一时期的会计凭证，虽形式和内容较为简单，缺乏统一的规范，却已初步具备了记录和证明经济业务发生的基本功能。

1. 记录方式的多样性

在没有明确会计凭证概念之前，商人们往往根据各自的需求和习惯，采用不同的记录方式来确认和保存交易信息。这些记录方式可能包括手写收据、口头约定、简单的账本条目等。它们虽不严谨，但足以满足当时简单商品交换的需求，成为经济活动中不可或缺的一部分。

2. 经济活动的推动

随着商品经济的初步发展，经济活动日益频繁和复杂，对记录方式的需求随之增加。商人们开始意识到，一个清晰、准确的记录系统对于保障交易双方的权益至关重要。于是，他们开始探索更加规范、系统的记录方式，为会计凭证的萌芽奠定了基础。

（二）会计凭证的体系化构建

随着经济的持续发展和会计制度的逐步完善，会计凭证开始形成较为统一的概念和分类体系。这一过程不仅提高了会计信息的准确性和可比性，也为企业的财务管理和决策支持提供了有力保障。会计凭证的种类如图 5 – 3 所示。

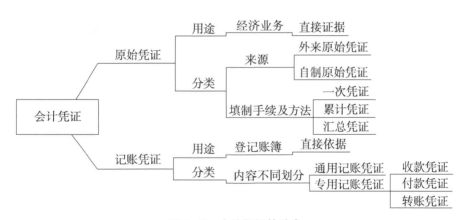

图 5 – 3　会计凭证的种类

1. 会计凭证的明确界定

会计凭证被正式界定为记录经济业务发生或完成情况的书面证明，是登记账簿的重要依据。这一界定明确了会计凭证的性质和作用，为其后续的分类、编制和使用提供了明确的方向。

2. 原始凭证与记账凭证的划分

原始凭证与记账凭证的划分是会计凭证体系构建的关键一步。原始凭证作为经济业务的直接证据，记录了交易的具体细节和原始数据；而记账凭证则是会计人员根据原始凭证进行归类、整理并编制会计分录后形成的书面文件，是登记账簿的直接依据。这一划分不仅明确了两种凭证的不同性质和用途，还促进了会计凭证体系的系统化和专业化。

（1）原始凭证的细化分类

原始凭证按照不同的分类标准可进一步细化为多种类型。按来源不同可分为外来原始凭证和自制原始凭证；按填制手续及方法不同可分为一次凭证、累计凭证和汇总凭证等。

外来原始凭证（见图5-4）通常是由业务经办人员在业务发生或完成时从其他单位或个人直接取得的。它们反映了企业与外部单位或个人之间的经济往来关系。常见的外来原始凭证包括供应单位发货票、银行收款通知、运费单据、增值税专用发票等。这些凭证的真实性、合法性和完整性对于企业的财务管理和税务处理具有重要意义。

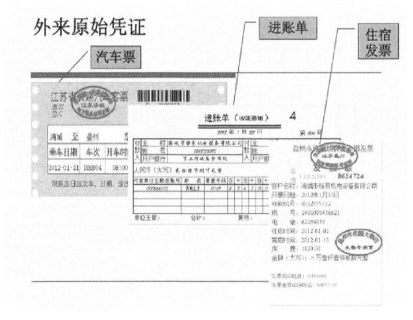

图5-4　外来原始凭证

自制原始凭证（见图5-5）通常是由企业内部经办业务的部门和人员根据经济业务情况自行填制的。它们主要记录了企业内部的经济活动情况，如收料单、领料单、工资结算单、收款收据、销货发票、成本计算单等。自制原始凭证的规范性和准确性直接关系到企业内部管理的效率和效果。

一次凭证是指一次填制完成、只记录一笔经济业务的原始凭证，如现金收据、银行结算凭证、收料单、领料单、发货票等。它反映了某一经济业务的完整过程或结果。一次凭证的填制手续相对简单，通常由经办人员根据经济业务情况直接填制。常见的一次凭证包括现金收据、领款单、发货票等。

累计凭证是指在一定时期内连续多次记录发生的同类经济业务的原始凭证。它可以在

收　料　单

供应单位：　　　　　　　　　　　　　　　　　　　　　　　　收料单编号：

材料类别：　　　　　　　　　年　　月　　日　　　　　　　　收料仓库：

材料编号	名称	规格	单位	数量		实际成本				
				应收	实收	买价		运杂费	其他	合计
						单价	金额			
合　计										
备　注										

第三联　记账联

仓库主管：　　　　　　记账：　　　　　　收料：　　　　　　制单：

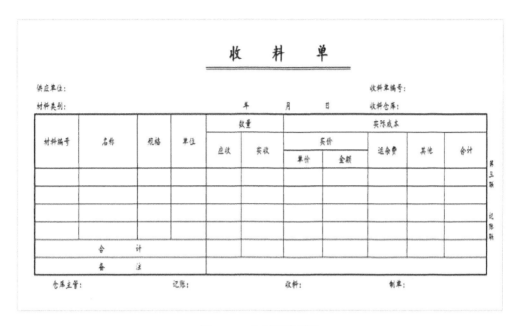

图 5－5　自制原始凭证

一张凭证内连续登记同类经济业务的累计发生额和结余数，便于费用控制和成本分析。常见的累计凭证包括限额领料单、费用限额卡等。这些凭证的使用有助于企业实现精细化管理，提高经济效益。

汇总凭证是将一定时期内反映经济业务内容相同的若干张原始凭证按照一定的标准综合填制的原始凭证汇总表。它简化了凭证的编制和记账工作，提高了工作效率。常见的汇总凭证包括工资汇总表、发料汇总表、差旅费报销单等。这些凭证的使用有助于企业快速了解一定时期内某类经济业务的总体情况，为决策提供支持。工资汇总表如图 5－6 所示。

工资汇总表

年　　月　　日　　　　　　　　单位：元

部　门	应付工资	代扣款项						实发工资
		养老保险（　　）	医疗保险（　　）	失业保险（　　）	住房公积金（　　）	个人所得税	合　计	
合　计								

总经理：　　　　　　　财务主管：　　　　　　　制表：

图 5－6　工资汇总表

（2）记账凭证的专业化分类

记账凭证作为登记账簿的直接依据，其分类也呈现出专业化的趋势。根据适用内容的不同，记账凭证可分为专用记账凭证和通用记账凭证两大类。

专用记账凭证根据经济业务内容的不同可进一步细分为收款凭证、付款凭证和转账凭证三种类型。

收款凭证（见图5-7）主要用于记录现金和银行存款的收款业务。付款凭证（见图5-8）主要用于记录现金和银行存款的付款业务。转账凭证（见图5-9）则用于记录不涉及现金和银行存款的内部转账业务。

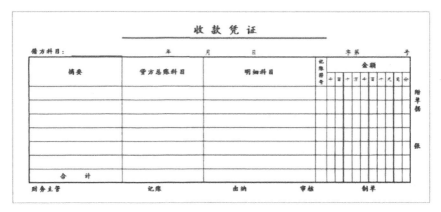

图5-7　收款凭证

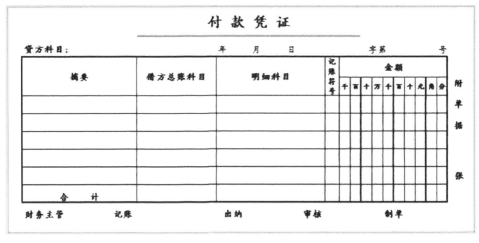

图5-8　付款凭证

这种分类方式有助于会计人员根据经济业务性质进行快速归类和处理，提高会计信息的清晰度和透明度。

通用记账凭证：通用记账凭证则不再区分收款、付款和转账业务，将所有经济业务都

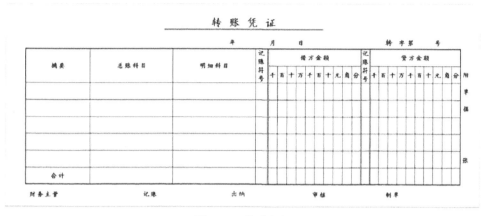

图5-9 转账凭证

记录在同一种凭证上。这种凭证的优点在于简化了凭证的种类和填制手续，降低了会计人员的工作难度；其缺点在于可能不利于对经济业务进行详细的分类和分析。因此，在实际应用中需要根据企业的具体情况选择合适的记账凭证类型。

3. 填制要求的细化与规范化

随着会计凭证体系的不断完善和发展，对会计凭证的填制也提出了更为详细和规范的要求。这些要求不仅涉及凭证的格式、内容和填制方法等方面，还涵盖了凭证的审核、传递和保管等各个环节。

原始凭证的填制要求：原始凭证的填制应确保记录真实、内容完整、手续完备且书写清楚规范。经办人员应根据经济业务的实际情况如实填制原始凭证的各项要素，如日期、摘要、金额等；同时应确保凭证的合法性和合规性，避免伪造或变造凭证的行为发生。

记账凭证的填制要求：记账凭证的填制应基于审核无误的原始凭证进行。会计人员应根据原始凭证的内容进行归类整理并编制相应的会计分录；同时应确保记账凭证的编号连续、清晰以便后续的查询和核对。此外，记账凭证的填制应遵循一定的程序和方法，确保凭证的真实性和可靠性。

审核与传递要求：会计凭证在填制完成后应经过严格的审核程序以确保凭证的合法性和合规性。审核无误的凭证应及时传递给相关部门和人员进行后续处理；凭证的传递过程应建立明确的责任制和登记制度，以防止凭证的丢失或损毁。同时，企业应建立完善的凭证管理制度，对凭证的保管期限、归档方式等进行明确规定，以确保凭证的安全性和完整性。

三、现代化阶段：会计凭证的革新与飞跃

进入21世纪以来，随着计算机技术和信息技术的迅猛发展，会计凭证的填制、审核、保管及利用方式发生了根本性的变革，步入了全面现代化阶段。这一阶段不仅极大地提升

了会计工作的效率与准确性，还促进了会计信息的广泛共享与深度应用，为企业的决策支持提供了更为强大的动力。

（一）会计凭证的电子化与信息化

1. 电子会计凭证的兴起

随着互联网的普及和电子商务的兴起，传统的纸质会计凭证逐渐难以满足现代企业对信息处理速度、准确性及安全性的要求。电子会计凭证应运而生，它以数字形式存在，通过计算机系统进行生成、传递、存储和检索。这种变革彻底颠覆了传统会计凭证的物理形态，使会计信息的流转不再受地域和时间的限制，极大地提高了工作效率。

电子会计凭证的优势在于：一是传输速度快，能够实现即时共享，有助于企业内外部利益相关者快速获取所需财务信息；二是存储成本低，节省了大量纸张、打印及存储空间费用；三是便于备份与恢复，有效降低了数据丢失的风险；四是易于检索与分析，支持多维度、深层次的数据挖掘，为管理层提供决策支持。

2. 信息系统的集成与应用

随着 ERP（企业资源计划）、CRM（客户关系管理）等信息系统在企业中的广泛应用，会计凭证的生成与处理被深度嵌入业务流程。这些系统能够自动捕捉交易数据，生成标准化的会计凭证，并实时更新至财务系统中，实现了业务与财务的一体化。这种集成不仅简化了会计凭证的填制流程，还增强了数据的准确性和一致性，为企业的精细化管理提供了有力支持。

（二）种类与填制方法的标准化

1. 会计准则的国际化趋同

随着全球经济一体化的深入发展，国际财务报告准则（IFRS）等逐渐被更多国家和地区所采用。这一趋势促使各国会计准则不断趋同，为企业跨国经营和资本流动提供了便利。在此背景下，会计凭证的种类与填制方法也逐步实现了标准化，确保了会计信息的可比性和透明度。

标准化不仅体现在会计科目的设置、会计政策的选择等方面，还深入会计凭证的具体填制细节中。例如，对于同一类型的经济业务，不同企业在填制会计凭证时应遵循相同的规则和要求，确保会计信息的准确性和一致性。

2. 会计软件的广泛应用

现代会计软件不仅提供了丰富的会计模板和预制科目体系，还支持用户根据实际需求进行个性化设置。这些软件内置了标准化的会计凭证填制流程和控制机制，能够有效指导会计人员规范操作、减少错误。同时，它们还具备强大的数据处理和分析功能，能够帮助企业快速生成各类财务报表和管理报告。

（三）智能化与自动化的发展

1. 人工智能在会计领域的应用

近年来，人工智能技术如机器学习、自然语言处理等被广泛应用于会计领域，推动了会计凭证填制与审核工作的智能化发展。一些先进的会计软件能够自动识别原始凭证中的关键信息（如发票号码、金额、日期等），并根据预设规则自动生成记账凭证。这一过程不仅提高了工作效率，还减少了产生人为错误的风险。

人工智能还能够帮助企业建立风险预警机制，自动识别异常交易和潜在问题并提出解决方案。例如，当系统检测到某项支出超出预算范围或违反公司政策时会自动发出警报，并通知相关人员进行处理。

2. 大数据驱动的决策支持

在大数据时代背景下，企业积累了大量与经营活动相关的数据资源。通过运用大数据分析工具和技术手段，企业可以对这些数据进行深入挖掘和分析，发现潜在的业务规律和趋势，为管理层的决策提供有力支持。例如，企业可以利用大数据技术对历史会计凭证数据进行分析建模，以预测未来的财务状况和经营成果；或者根据市场趋势和竞争对手的动态，调整自身的财务策略和投资组合。

会计凭证是经济活动的重要见证与记录工具，从西周时期的萌芽，到秦朝的法制化奠基，再到清朝的系统化飞跃，会计凭证的每一次演变都是对经济秩序维护、诚信文化弘扬的深刻实践。这一过程，不仅见证了会计技术的精进，更映射出社会制度变迁中对于公平正义、规范有序的不懈追求。近现代以来，会计凭证的体系化、规范化进程持续加速，尤其是电子会计凭证的兴起，体现了会计艺术美与现代科技的完美融合。这不仅是技术层面的革新，还是会计职业道德、诚信精神在新时代的传承与发展。电子凭证的便捷性、准确性以及信息系统的高度集成，极大地提升了会计工作的效率与质量，同时对会计人员提出了更高的职业素养要求——不仅要精通专业技能，还要坚守职业道德，确保会计信息的真实、完整、可靠，成为经济活动的忠诚卫士。简而言之，会计凭证作为会计信息的载体，其发展历程体现了会计技术的不断进步与会计制度的日益完善。

📋 课后练习

1. 操作题

通过学习本节课程内容，在（　　　）处填入合适的关键词，将下面的思维导图补充完整。

中国会计文化认知

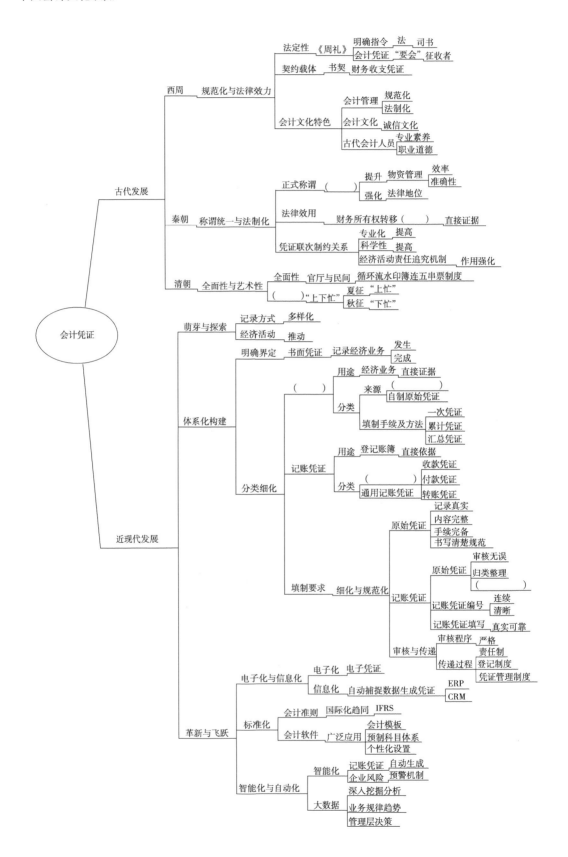

2. 思考题

（1）从西周至清朝，会计凭证的发展经历了哪些主要变化？这些变化反映了怎样的社会经济发展趋势？

（2）分析秦朝会计凭证的法律效用及其在社会经济中的作用，并讨论其对后世会计凭证发展的影响。

第四节

会计账簿

会计凭证是账簿登记的依据，没有会计凭证的填制和审核，账簿的登记就无从谈起；而账簿则是会计凭证信息的集中体现和系统化整理，通过账簿的登记和整理，使会计凭证上的零散信息得以系统化、条理化，为后续的会计处理和报告提供了坚实的基础。两者相互配合、相互依存，共同构成了会计核算体系的核心内容。

一、初始形态：自然载体与文字萌芽的探索

（一）远古时代的记录载体

远古时期，人类社会的经济活动尚处于原始状态，会计计量的初步尝试主要体现在对物品数量的简单记录上。最初，会计计量的记录载体主要是石块与兽骨。在这些天然材料上刻画的符号，虽然简单，却代表了人类对经济活动记录和理解的早期尝试。

（二）新石器时代的陶器记录

随着新石器时代的到来，农业和手工业逐渐兴起，经济活动日益频繁。此时，会计事项的书写处理者开始在陶器上进行记录。计量记录符号从简单的刻记发展到较为复杂的多类别刻写，这些符号不仅记录了数量信息，还隐含着对事物性质的初步分类，为汉字的创制奠定了基础。

（三）原始社会末期的文字萌芽

在原始社会末期，随着汉字最初形态的出现，中国会计的书契概念随之诞生。这些早期的文字不仅是语言的载体，还真实记录了经济活动，为会计账簿的发展奠定了基础。

二、发展阶段：从陶土到简牍的飞跃

（一）上古时期的文字演进与账簿发展

进入上古时期，随着文字的逐渐成熟和书写材料的多样化，会计账簿的形式和内容发生了深刻变化。官厅所用的账簿随着中国文字的进步而发展，从陶土文字逐步向甲骨文、金文演变。这些古老的文字不仅记录了国家的财政收支情况，还反映了当时社会的经济制度和会计思想。

（二）战国时期的创新实践

战国时期商业活动尤为活跃，出售卤牛肉的商人所记的"牛肋骨账"（载体为牛肋骨）成为会计账簿发展史上的一个亮点。这种账簿不仅记录了每笔交易的详细信息，还展现了中式簿记"上收下付"记账方式的初始形态，为后来的复式记账法提供了灵感。

（三）秦汉简牍时代的辉煌

秦汉时期，简牍作为账簿书写载体得到普及，会计账簿的发展进入新阶段。竹简和木牍的制作工艺精湛，使账簿的编纂和保存变得更加便捷和高效。"上收下付"的会计记录处理规则在这一时期得到了确认和传承，为后来的会计实践奠定了坚实的基础。

（四）唐宋纸质账簿的兴起

随着造纸术的发明和普及，唐宋时期正式进入了纸质账簿文书书写的应用阶段。纸张的轻薄、柔韧和易于书写，使账簿的记录和保存更加便捷和环保。这一时期的会计账簿不仅在内容上丰富多样，在形式上也更加规范统一，为会计账簿的制度化和标准化奠定了基础。

三、崭新境界：明清时期账簿的多样性与艺术性

（一）账簿形式的创新

明清时期，会计账簿在形式上实现了诸多创新。出现了"腰格通天条账"式和"腰格斗方账"式等多种账簿形式，以及在桃红色"官堆纸"上进行的账目上下对接、形成双轨结算盈亏平衡账目的"彩（红）账"。这些创新不仅提高了账簿的实用性和美观性，还展现了中式会计账簿文化艺术的新境界。

（二）账簿的艺术性

1. 账簿组织的艺术性

明清之际的中式会计账簿在组织体系上呈现出艺术性变化。通过"分流"与"分清"的分解方法产生了"龙门账式"与"四脚账式"等专门账簿组织设置。这些账簿组织不仅便于商家对经济活动进行精细化管理，还体现了中式会计的独特魅力。

2. 数字与月份的雅称

在数字与月份的记录上，明清时期的会计账簿也颇具特色。中式数码分为用于总清账记录的会计体、用于流水账记录的一般体以及用于草流记录的草码等多种形式；月份则有了桃月、荷月、桂月、菊月等富有诗意的雅称。这些变化不仅增加了账簿的文化内涵，还使经济活动的记录更加生动有趣。

3. 分类名目的书法艺术

在分类名目上，明清时期的会计账簿展现了独特的艺术魅力。如"辛工饭食""马匹草料""笔墨纸张"等费用名目不仅划一规范，还体现了当时社会的经济结构和消费习惯。记账者用心将这些名称以书法字体书写于红色纸条之上，并一致粘贴于账页右上方一角，这种方法不仅起到装饰作用，还赋予账簿以喜庆氛围和文化内涵。

"帐"与"账"的传奇演变

"帐"最早见于汉代文献，本义为"帷帐"。《说文解字》："帐，张也。从巾，长声。"至南北朝时期，"会计之帐"崭露头角，"帐"义为"名册、簿籍"，标志着其在财务领域的初步应用。《新唐书·百官志一》："以男女之黄、小、中、丁、老为之帐籍。"《唐律疏议》所记唐朝法律条文，表示"名册、簿籍"义的"帐"字用例甚多，如"计帐""簿帐""帐籍"等，均属此类。出土唐朝文书中也有很多实例，如敦煌文书之"米帐使"，吐鲁番文书之"计帐"和"籍帐"等。

随后，明清时期，"账"字兴起，逐渐在会计记录中占据一席之地，与"帐"字并行不悖，却也引发了字义上的混淆与混用。清朝毕沅《经典文字辨证书》："帐，正；账，俗。"清朝王鸣盛《蛾术编》："今俗有账字，谓一切计数之簿也。"

四、近现代会计账簿的发展历程

近现代会计账簿的发展历程，展示了商业活动的复杂化、会计理论的深化以及技术的进步。从手工记账的原始形态，到电子化、集成化的现代管理体系，会计账簿不仅见证了企业管理的变迁，还推动了财务管理的精细化与高效化。

（一）近代初期：账簿概念的形成与初步规范化

1. 账簿概念的形成与明确

在 19 世纪末至 20 世纪初的近代初期，随着工业化进程的加速和商业活动的日益频繁，企业对财务管理的需求日益迫切。会计账簿作为记录企业经济业务、反映企业财务状况和经营成果的重要工具，逐渐形成明确而系统的概念。它不再只是简单的流水记录，而是依据会计凭证，对全部经济业务进行全面、系统、连续、分类记录和核算的簿籍。这些账簿由具有特定格式、相互联结的账页组成，确保了会计信息的连续性和可追溯性。

2. 账簿种类的初步划分

随着商业活动的复杂化，账簿的种类开始出现分化。

序时账簿：作为最早出现的账簿类型，序时账簿按经济业务发生时间的先后顺序逐日逐笔登记。早期的日记账可能就是这种简单的流水账形式，它直观地记录了企业的日常经济业务，为管理者提供了初步的经济活动概览。它主要分为两种类型：普通日记账和特种日记账。

（1）普通日记账

普通日记账是用来序时记录全部经济业务的日记账。它的特点是对企业发生的所有经济业务，无论其性质如何，都按照经济业务发生的时间先后顺序，逐笔记录每一笔经济业务的内容，并且全部汇总。这种账簿的优点在于记录全面、分类汇总，有助于了解企业的整体经济活动情况。然而，由于需要记录所有经济业务，工作量相对较大，效率可能较低。

（2）特种日记账

特种日记账则是用来记录某一类特定经济业务的日记账。根据企业的实际需要，特种日记账可以包括多种类型，如库存现金日记账（见图 5－10）、银行存款日记账等。

库存现金日记账

年		记账凭证		对方科目	摘　　要	借　　方	贷　　方	借或贷	余　　额
月	日	字	号						

图 5－10　库存现金日记账

分类账簿的雏形：面对日益复杂的经济业务，人们意识到分类记录的重要性。于是，按照会计要素（如资产、负债、所有者权益、收入、费用等）进行分类登记的账簿应运而生。这种分类方法不仅便于管理者快速了解企业的财务状况，也为后续的财务分析奠定了一定基础。

3. 账簿登记的规范化

随着会计理论的逐步发展，账簿登记开始遵循更为严格的规范和标准。会计人员需要按照既定的格式和程序进行账簿登记，确保每一项经济业务的记录都准确无误。这一时期的规范化努力不仅提高了会计信息的准确性，还为后续的审计和税务检查提供了便利。

（二）近代中期：账簿种类的拓展与复式记账法的普及

1. 账簿种类的进一步拓展

20世纪初至中叶的近代中期，随着商业活动的进一步复杂化，会计账簿的种类得到了丰富的拓展。

总分类账与明细分类账的明确划分：总分类账作为企业的"总账"，记录了所有经济业务的总括情况；而明细分类账则深入每一项具体业务，提供了更为详尽的信息。这种划分使会计信息更加系统化和条理化，为管理者提供了多维度的视角来审视企业的财务状况和经营成果。

（1）总分类账簿（总账）

总分类账簿是根据总分类账户设置的，用来登记全部经济业务，提供总括核算资料的分类账簿。总分类账簿反映经济业务的总括情况，是编制财务报表的主要依据。总分类账如图5-11所示。

总 分 类 账

科目名称

年		凭证		摘要	借　方	贷　方	借或贷	余　额
月	日	种类	号数					

图5-11　总分类账

（2）明细分类账簿（明细账）

明细分类账簿是根据明细分类账户设置的，用来登记某一经济业务，提供某项经济业务详细资料的分类账簿。明细分类账簿反映经济业务的详细情况，是对总分类账簿的补充和具体化。

明细分类账簿通常有以下几种格式。

①三栏式明细账（见图5－12）。

特点：设有借方、贷方和余额三个基本金额栏目，用于分类核算各项交易或事项，提供详细核算资料。

适用范围：适用于只要求进行金额核算的明细账户，如“应收账款”“应付账款”“预收账款”“预付账款”“短期借款”“长期借款”等账户的明细账户。

明细分类账

总账科目 ______

明细科目 ______　　　　第　　页

年		记账凭证		摘要	借方	贷方	借或贷	余额
月	日	字	号					

图5－12　三栏式明细账

②多栏式明细账（见图5－13）。

特点：将属于同一个总账账户的各个明细账户合并在一张账页上进行登记，可以在同一账页中集中反映某个总账账户的各有关明细账户或某明细账户各明细项目的金额。

适用范围：适用于成本、费用类账户的明细核算，如“生产成本”“制造费用”“管理费用”“销售费用”“财务费用”等账户的明细账。

③数量金额式明细账（见图5－14）。

特点：在借方（或收入）、贷方（或发出）和余额（或结存）分别设有数量、单价和金额三个专栏。

适用范围：适用于既要进行金额核算又要进行数量核算的明细账户，如“原材料”“库存商品”等账户的明细账。

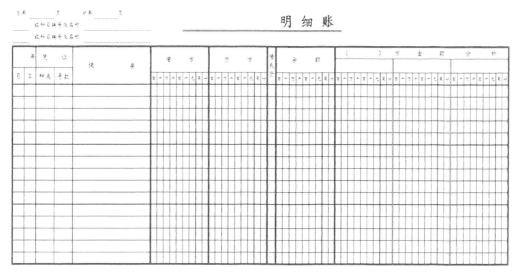

图 5-13　多栏式明细账

明细账

编号:					名称:			规格:			计量单位:		
年		凭证		摘　要	收　　入			发　　出			结　　存		
月	日	种类	号数		数量	单价	金额	数量	单价	金额	数量	单价	金额

图 5-14　数量金额式明细账

④横线登记式明细账（或称平行式明细账）。

特点：采用横线登记，即将每一相关的交易或事项登记在一行，从而可依据其每一行各个栏目的登记是否齐全来判断该交易或事项的进展情况。

适用范围：适用于材料采购、应收票据明细账等。

（3）备查账簿

为了弥补序时账簿和分类账簿在某些方面的不足，备查账簿应运而生。它主要用于记录那些在常规账簿中未能详尽记载或需要特别关注的经济业务事项。备查账簿的设立增强了会计信息的完整性和可靠性。

2. 复式记账法的普及

复式记账法的普及是近代会计发展的重要里程碑。这一记账方法要求对每一项经济业务，都在两个或两个以上的账户中进行相互联系的登记。通过这种方式，复式记账法能够全面反映经济业务的来龙去脉和资金运动的完整过程。它不仅提高了会计信息的准确性和科学性，还为企业的内部控制和风险管理提供了有力支持。

3. 账簿登记技术的改进

随着会计实践的不断深入和技术的进步，账簿登记技术得到了显著提升。会计人员开始采用更加科学的分类方法和便捷的登记工具来提高工作效率和质量。例如，通过引入标准化的账簿格式和自动化的数据处理技术，企业能够更快速、准确地完成账簿登记工作。

（三）近代后期：账簿的电子化、集成化与国际化

1. 账簿的电子化趋势

自 20 世纪中叶以后，随着计算机技术的飞速发展和普及，会计账簿逐渐实现了电子化。电子会计账簿不仅存储量大、查询便捷，而且能够自动进行数据校验和错误提示，极大地提高了会计工作的效率和准确性。同时，电子账簿支持远程访问和数据共享功能，为企业的远程管理和实时监控提供了可能。

2. 账簿管理系统的集成化

为了进一步提高财务管理的效率和准确性，企业开始将会计账簿管理系统与其他管理系统（如库存管理系统、销售管理系统等）进行深度集成。这种集成化的管理模式实现了数据的无缝对接和实时更新，使企业能够全面、准确地掌握自身的财务状况和经营成果。同时，它还为企业提供了更为丰富的数据分析工具和方法，帮助管理者做出更加科学合理的决策。

3. 会计法规的完善与国际化

随着全球经济的一体化进程加速推进以及国际贸易的日益频繁，会计法规的完善与国际化成为必然趋势。企业需要按照国际会计准则和惯例来编制和管理会计账簿，以确保会计信息的可比性和透明度。这不仅有助于提升企业的国际竞争力，还有助于促进全球资本市场的健康发展。

会计账簿，作为经济活动信息的忠实记录者与管理者智慧的结晶，其发展历程是中华文明进步与会计思想演进的生动写照。从远古时代的简单刻记，到新石器时代的陶器记录，再到汉字萌芽后的账簿雏形，会计账簿的每一次演变都伴随人类经济活动的复杂化和社会制度的完善。这一过程中，不仅体现了古代先民对经济管理的朴素智慧，也蕴含了中华民族勤劳、创新、追求精准的精神内核，是思政教育中"历史传承与创新发展"理念的生动实践。

进入上古及秦汉时期，会计账簿随着文字的成熟和书写材料的进步，逐步走向规范

化与系统化。官厅账簿、简牍账簿等形式的出现，不仅记录了国家的财政收支，也映射出当时社会的经济秩序与会计思想。这一时期的账簿发展，不仅是会计技术进步的体现，还是国家治理能力提升的重要体现，彰显了中华民族"依法治国、以数治财"的治理智慧。

唐宋时期，造纸术的发明与普及推动了会计账簿的飞跃式发展。纸质账簿的轻便、易保存特点，极大地促进了会计信息的记录与传播。同时，账簿在形式与内容上的不断创新，如"彩（红）账""龙门账式"等，不仅提升了账簿的实用性与艺术性，也反映了中华民族对美好生活的向往与追求，体现了"文化自信与美学追求"的思政内涵。

及至近现代，随着商业活动的复杂化、会计理论的深化以及科技的飞速发展，会计账簿逐渐实现了电子化、集成化与国际化。这一转变不仅提高了会计工作的效率与准确性，还为全球经济的互联互通提供了重要支撑。在此过程中，会计人员需要不断学习新知识、掌握新技术，以适应时代发展的需要。这种持续学习、勇于创新的精神，正是新时代青年应具备的"终身学习、追求卓越"的思政品质。

综上所述，会计账簿作为会计信息的载体与管理者决策的依据，其发展历程是中华文明与会计思想相互交融、共同进步的生动体现。

课后练习

1. 操作题

通过学习本节内容，在（　　　）处填入合适的关键词或语句，将下面的思维导图补充完整。

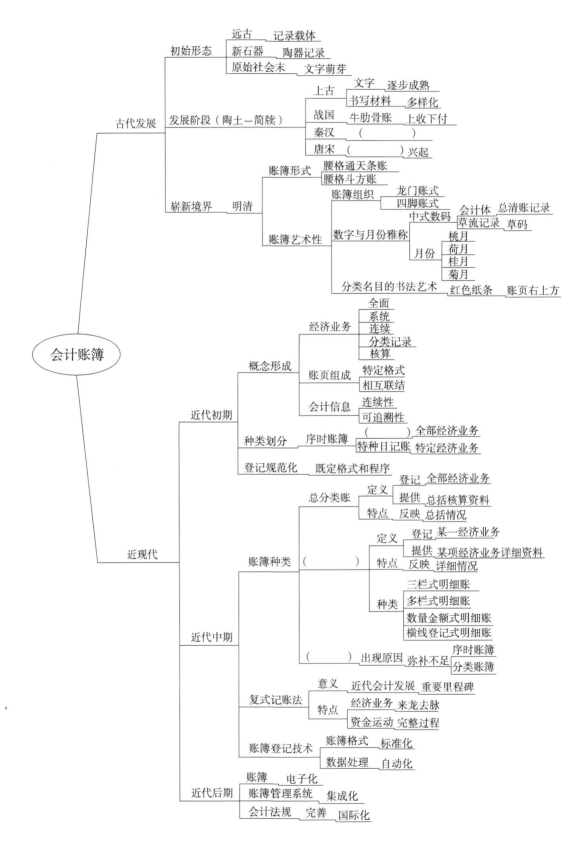

2. 思考题

结合近现代会计账簿的发展历程，探讨会计账簿电子化对企业财务管理的意义。

第五节

会计报告

会计报告、会计凭证和会计账簿是会计系统中三个紧密相连且相互依存的组成部分，它们共同构成了会计循环的基础，确保了企业财务信息的准确性、完整性和可追溯性。会计报告在会计核算体系中处于最终环节，它是对会计凭证和会计账簿中信息的综合反映和高度概括。会计报告不仅为内部管理者提供了决策支持，还为外部利益相关者如投资者、债权人、政府机构等提供了了解企业财务状况和经营成果的重要渠道。

一、上古时期"大计"制度

在人类文明的早期阶段，经济活动虽不如今日复杂，但会计记录与报告作为经济活动的重要支撑，已经开始萌芽。在中国上古时期，会计报告的编写尚未形成系统的体系，主要采用文字叙述的方式记录经济事务。这种方式虽然简单，却为后续的会计发展奠定了坚实的基础。

（一）西周的会计报告体系

西周时期，中国会计文化逐渐有了雏形。西周政权为了有效管理国家财政，建立了"日成"、"月要"和"岁会"的会计报告制度。

1. "日成"作为旬日之报

"日成"详细记录了每旬的经济活动情况，如粮食的收储、税收的征收等。这些记录为管理者提供了即时的经济动态信息，有助于管理者及时调整经济政策。

2. "月要"作为月度总结

"月要"汇总了当月的经济活动数据，包括各项收支情况。这一报告有助于管理者把握月度经营概况，评估经济政策的效果。

3. "岁会"作为年度报告

"岁会"全面回顾了全年的经济成果，包括财政收支、粮食储备等关键指标。这份报告不仅为来年的经济规划提供了数据支持，还成为评价官员政绩的重要依据。

此外，西周确立了三年一度的"大计"制度。在"大计"之年，各地方需将过去三年的经济情况进行全面总结，并上报中央朝廷。这一制度进一步强化了会计报告在经济治理中的作用，推动了会计文化的初步形成。

（二）西周会计报告制度的特点

1. 重视数据积累

通过"日成"、"月要"和"岁会"等报告制度，西周政权积累了大量的经济数据，为经济政策的制定提供有力支持。

2. 强调综合性数据

西周会计报告特别重视综合性数据的记录和分析，如全年财政收支总额、粮食储备量等，这些数据直接反映了国家的经济状况。

3. 形成会计期间概念

通过旬报、月报和年报的形式，西周会计报告初步引入了会计期间的概念，为后世会计制度的形成与完善奠定了基础。

二、秦汉时期"上计簿"制度

进入秦汉时期，随着社会经济的繁荣和国家治理体系的完善，会计报告的形式与内容发生了显著变化。数据组合式会计报告逐渐兴起，取代了以往单一的文字叙述方式，成为会计报告的主流形式。

（一）"上计簿"制度的完善

秦汉时期，"上计簿"制度得到了空前的发展和完善。该制度要求地方郡、县两级政府按时编制上计簿，并逐级上报至中央朝廷进行审核汇总。这一过程中，各级官员需对上计簿的真实性和准确性负责，确保了会计信息的可靠性和权威性。

1. 编制流程

地方官员需根据本地经济活动情况编制上计簿，详细记录财政收入、支出、储备等关键指标。编制完成后，上计簿需逐级上报至上级政府直至中央朝廷。

2. 审核机制

中央朝廷设立专门机构对上计簿进行审核汇总。审核过程中，御史等官员负责监察审计工作，确保上计簿的真实性和准确性。对于发现的问题，朝廷将追究相关官员的责任。

（二）秦汉会计报告的成熟展现

1. 法律体系的融入

秦汉时期，"上计"与"上计簿"被正式纳入国家法律体系（即"上计律"），确保了会计报告的合法性和严肃性。这一举措强化了会计文化的权威性，使会计报告成为国家治理的重要组成部分。

2. 经济治理的重要工具

每年"上计"会议的举行成为国家治理中的一大盛事。皇帝亲自参与问计过程，对各地经济情况进行全面了解；御史则负责监察审计工作，确保会计信息真实可靠。这一系列举措不仅提升了会计报告在古代国家治理中的地位和作用，还促进了会计文化的传承与发展。

3. 数据组合式报告的兴起

秦汉时期的会计报告在形式上更加规范化和系统化。通过数据组合的方式展示经济活动情况的各个方面，包括财政收入、支出、储备等关键指标。这种数据组合式报告不仅便于管理者快速了解经济状况，还为经济政策的制定提供了重要依据。

三、唐宋时期"朝集制"

唐宋时期是中国历史上经济文化繁荣的时期之一。朝集制的实施为会计报告制度带来了新的发展机遇和挑战。在这一时期，会计报告制度得到了进一步的完善和创新，与朝集方式、方法的结合使会计报告的编制与审计达到了新的高度。

（一）朝集制下的会计报告体系

朝集制下的会计呈报建立在日、旬、月、季与半年报的基础之上，形成了更加系统全面的编报体系。这一体系不仅确保了会计信息的时效性和连续性，还为经济活动的实时监控提供了可能。

1. 编报周期

唐宋时期的会计报告编报周期更加细化，从日、旬、月到季、半年形成了多层次、多维度的编报体系。这种细化的编报周期有助于管理者及时掌握经济活动情况，为经济政策的调整提供可靠依据。

2. "四柱"式结构

编报形式也进入了以"四柱"式结构编制组合的新阶段。即旧管（上期结存）、新收（本期收入）、开除（本期支出）与实在（本期结存）四大要素的组合展示。这种结构不仅清晰地反映了经济活动的来龙去脉，还便于管理者进行更深入的财务分析。

（二）唐宋会计报告的特点

1. 审计目标的明确

唐宋时期的审计目标更加明确和具体。审计人员不仅关注会计数据的准确性，还注重证、账、实与朝集报告的一致性，以确保会计信息的真实可靠。这种严格的审计制度促进了会计文化的健康发展。

2. 朝集制的创新

从"上计"到"朝集"的转变体现了会计报告制度在适应国家治理需求方面的灵活性和创新性。朝集制不仅强化了中央政府对地方经济的监控力度，还促进了地方之间的经济交流与合作。

四、明清时期"四柱清册"与"四柱奏销册"

至明清时期中式会计报告体系达到了相对完善的阶段。"四柱清册"与"四柱奏销册"编制的会计报告范式成为中式会计报告的标志性成果。

（一）"四柱清册"与"四柱奏销册"

1. 四柱清册

四柱清册主要用于记录民间商业和金融机构的经济活动情况，包括收入、支出、资产和负债等方面的详细信息。这种报告形式不仅便于管理者了解企业的财务状况和经营成果，还为经济决策提供了重要参考。同时，四柱清册融入了中式会计文化的独特元素，如以红色纸条记录经济活动的"红账"等体现了中式会计报告的艺术特征。

2. 四柱奏销册

四柱奏销册是向朝廷上报的官方会计报告形式，其更加注重数据的准确性和规范性，以确保国家财政的稳定和安全。四柱奏销册的编制过程严格遵循国家法律法规，以确保会计信息的真实可靠。

（二）明清会计报告的特点

1. 会计报告的规范化

"四柱清册"与"四柱奏销册"的编制格式和内容得到了统一规范，确保了会计信息的可比性和一致性。这种规范化的发展推动了会计文化的传承与创新。

2. 会计文化的艺术化

明清时期的会计报告不仅注重数据的准确性和规范性，还融入了独特的艺术元素和文化特色。如"红账"等以红色纸条记录经济活动的会计报告形式不仅便于区分和管理，还体现了中式会计文化的独特魅力。

3. 民间会计的兴起

明清之际，民间商业与金融机构的兴起推动了民间会计的发展。民间会计报告如"彩项结册"和"存除（该）结册"等不仅记录了企业的经济活动情况，还为民间经济的繁荣提供了有力支持。

五、近代：西式会计思想的冲击与融合

（一）西式会计思想的引入

清末民初时期，会计报告开始吸收复式记账法等西方会计知识，逐步摒弃了单一的"三柱式"或"四柱式"编报方式，继而转向更为复杂和科学的复式记账报表体系。这种转变不仅提高了会计信息的准确性和可靠性，还推动了会计理论与实务的快速发展。

（二）会计报告的国际化进程

民国时期，政府会计制度的建立和完善进一步推动了会计报告的规范化与国际化进程。政府部门和大型企业开始广泛采用西方标准的财务报表格式如资产负债表、利润表、现金流量表等。这些报表不仅提高了会计信息的透明度与可比性，还为企业的国际化经营提供了有力支持。同时，西式会计教育的兴起也培养了大量具有专业素质和国际视野的会计人员，为会计报告的国际化发展提供了人才保障。

六、当代：国际化与标准化发展

中华人民共和国成立后特别是改革开放以来，中国会计制度经历了深刻变革，逐步与国际接轨。1978年后随着对外开放政策的深入实施，国际会计准则和现代会计理念被大量引入国内，会计报告的编制与披露标准实现了质的飞跃。

当代会计报告是一个综合性的财务报告体系，它通过会计报表、会计报表附注和财务情况说明书等组成部分，全面、系统地反映了企业的财务状况、经营成果和现金流量等信息。这些信息对于企业的管理者、投资者、债权人等利益相关者来说具有重要的参考价值。

1. 会计报表

会计报表是企业以一定的会计方法和程序，由会计账簿的数据整理得出，以表格的形式反映企业财务状况、经营成果和现金流量的书面文件。它是财务会计报告的主体和核心，具体包括以下四项。

（1）资产负债表是反映企业在某一特定日期的财务状况的报表，是对企业特定日期的资产、负债和所有者权益的结构性表述。它反映企业的资产、负债和所有者权益的规模、结构及其变动情况，是企业经营活动的静态反映。

（2）利润表，又称损益表，是反映企业在一定会计期间的经营成果的报表。它是在会

计凭证、会计账簿等会计资料的基础上进一步确认企业一定会计期间经营成果的结构性表述，综合反映企业利润的实现过程和利润的来源及构成，是对企业一定会计期间经营业绩的系统总结。

样表（资产负债表、利润表、现金流量表）

（3）现金流量表详细展示了企业在一定会计期间内现金和现金等价物的流入和流出情况。它的主要目的是帮助投资者、债权人和企业管理层了解企业现金的来源和运用情况，从而评估企业的支付能力、偿债能力和周转能力，并预测企业未来的现金流量。

（4）所有者权益变动表详细反映了企业在某一特定时期内所有者权益的增减变动情况。它的主要目的是向企业的股东、债权人、监管机构以及其他利益相关者提供关于所有者权益变动的全面、准确的信息。

此外，有一些相关附表，如利润分配表等，一般作为反映企业财务状况、经营成果和现金流量的补充报表。

2. 会计报表附注

会计报表附注是为便于会计报表使用者理解会计报表的内容而对会计报表的编制基础、编制依据、编制原则和编制方法及主要项目等所作的解释。会计报表附注是财务会计报告的一个重要组成部分，它有利于增进会计信息的可理解性，提高会计信息可比性和突出重要的会计信息。

3. 财务情况说明书

财务情况说明书是指为了解和评价企业经营成果和财务状况而提供的书面说明材料。它通常包括企业的生产经营情况、利润实现和分配情况、资金增减和周转情况、税金缴纳情况、各项财产物资变动情况、对本期或者下期财务状况发生重大影响的事项以及需要说明的其他事项等。

会计报告在会计核算体系中具有不可替代的作用，它是连接企业内部管理和外部利益相关者的桥梁，对于促进企业的健康发展和维护市场秩序具有重要积极意义。会计报告、会计凭证和会计账簿作为会计系统中三个紧密相连且相互依存的要素，它们共同构成了会计循环的基础，确保了企业财务信息的准确性、完整性和可追溯性。

课后练习

1. 操作题

通过学习本节内容，在（   ）处填入合适的关键词或语句，将下面的思维导图补充完整。

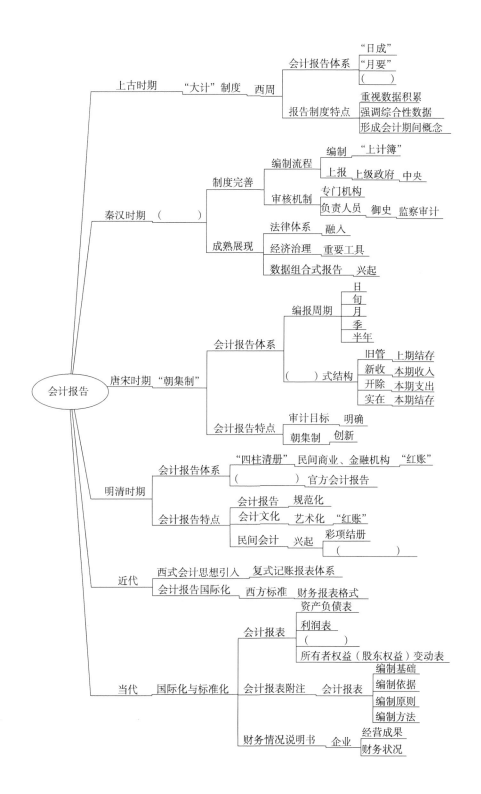

2. 思考题

（1）会计报告的发展历程是如何反映人类社会经济发展脉络的？请举例说明。

（2）谈谈你对当代会计报告体系国际化与标准化发展的看法。

第六节

会计分析

会计报告的主要目的是向内外部利益相关者提供关于企业财务状况、经营成果和现金流量的信息，帮助他们做出经济决策。而会计分析则进一步拓展了这些信息的使用价值，通过对会计报告数据的深加工和解读，揭示出企业运营中的优势、劣势、机会和威胁，为企业的战略制定、经营决策和风险管理提供更为深入和具体的支持。

会计分析，作为企业财务管理活动的核心环节，其历史可追溯至古代中国，彼时虽未有现代意义上的"会计分析"一词，但"财计分析"的概念与实践已深植于国家财政管理与经济决策之中。

一、以"量入为出"财计原则为中心的理财议论与分析（先秦至秦汉）

（一）先秦时期的财计思想萌芽

在中国古代，会计分析的思想根源可追溯至先秦时期，诸子百家对于国家治理与财政管理的讨论中蕴含着丰富的财计分析思想。这一时期，《周礼》与《礼记》等经典文献中详细记载了关于财政收支、预算管理等方面的论述，这些虽然没有直接针对会计报告的分析，但是为后世的财计分析奠定了理论基础。

1. **会计分析特点**

量入为出：强调财政收入与支出的平衡，是国家财政管理的基本原则。这一原则在《周礼》中多有体现，反映了古代对财政稳健性的重视。

理财议论：诸子如孔子、孟子等虽未直接从事会计分析，但他们的治国理念中包含了对于资源合理配置、节用裕民等思想的探讨，这些均为财计分析提供了哲学基础。

2. **会计文化体现**

崇尚节俭：先秦时期，节俭被视为一种美德，这一价值观在财计分析中体现为对财政支出的严格控制和对收入的有效利用。

以德治国：儒家思想强调德治，反映在财计上，则是通过合理的财政政策和预算安排来实现社会的和谐稳定。

（二）秦汉时期的"问计"制度

进入秦汉时期，随着中央集权制度的加强，财计分析逐渐制度化，形成了"问计"这一独特的分析形式。汉武帝时期，皇帝通过向丞相、大司农等高级官员"问计"，以了解国家财政状况，制定经济政策。

1. 会计分析特点

制度化："问计"制度的建立，说明财计分析开始成为国家治理体系中的一部分，具有一定的规范性。

高层参与：皇帝及高级官员的直接介入，提高了财计分析的权威性和决策效率。

2. 会计文化体现

集权管理：秦汉时期的财计分析强化了中央对地方财政的控制，体现了集权管理的思想。

重视实效："问计"不仅关注财政数据的呈现，还注重数据背后的经济问题和解决方案，体现了实用主义的精神。

二、"财计分析"发展阶段（唐宋）

（一）唐朝《元和国计簿》的开创

唐朝时期，《元和国计簿》的出现意味着财计分析进入了一个新的发展阶段。《元和国计簿》是中国古代官方编制的第一部会计统计资料汇编。该书详细记录了国家财政收支情况，为后来《会计录》的编纂提供了范式。

1. 会计分析特点

系统化记录：《元和国计簿》系统地记录了国家财政的各项收支数据，为财计分析提供了翔实的数据基础。

经济政策参考：该书不仅是对过去财政状况的总结，还为当时的经济政策制定提供了重要参考。

2. 会计文化体现

精细化管理：唐朝时期，财计分析开始注重数据的精细化处理，体现了对经济管理的科学态度。

历史传承：《元和国计簿》的编纂，体现了对前人财计思想的继承与发展。

（二）宋朝《会计录》的完善

宋朝时期，一系列《会计录》的编纂说明财计分析达到了一个新的高度。这些《会计录》不仅记录了财政收支数据，还对这些数据进行了深入的分析和评价。

1. 会计分析特点

围绕"量入为出":宋朝《会计录》的分析始终围绕"量入为出"的财政原则展开,体现了财政管理的稳健性。

"四柱"式分析框架:采用"旧管(上期结存)、新收(本期收入)、开除(本期支出)、实在(本期结存)"的"四柱"式结构进行分析布局,使分析更加条理清晰。

理论与实践结合:崇俭节用与开源节流成为分析的理论依据与评价标准,体现了理论与实践的紧密结合。

2. 会计文化体现

文化传承与创新:宋朝《会计录》在继承前人财计思想的基础上进行了创新和发展,形成了独具特色的分析体系。

重视数据分析:宋朝时期的财计分析更加注重数据的深入挖掘和分析方法的运用,如比较分析法和因素分析法的应用提高了分析的深度和广度。

三、预决算对比分析阶段(明清)

(一) 明朝《万历会计录》的预决算对比

明朝时期,《万历会计录》在继承前代《会计录》编纂经验的基础上进行了改进和创新,特别注重预决算的对比分析。

1. 会计分析特点

预决算对比:该书详细记录了预算与决算的数据并进行对比分析,揭示了预算执行过程中的偏差和问题所在。

强化监督:预决算对比分析制度的建立,有助于加强对财政支出的监督和管理,确保财政政策的有效执行。

2. 会计文化体现

注重实效与监督:明朝时期的财计分析更加注重实效性和监督性,体现了对政府财政行为的严格约束。

精细化管理:预决算对比分析制度的实施推动了财计管理的精细化发展,提高了财政管理的效率和透明度。

(二) 清朝《光绪会计录》的进一步发展

清朝时期,《光绪会计录》在继承前代《会计录》编纂经验的基础上,继续发展预决算对比分析制度,并进一步完善了财计分析体系。

1. 会计分析特点

制度化与规范化：清朝时期的财计分析更加系统化和规范化，形成了一套较为完整的分析流程和方法体系。

国际视野：随着对外贸易的扩大和西方会计思想的传入，清朝时期的财计分析开始融入国际元素，借鉴了西方先进的会计分析方法和技术手段，提高了分析的准确性和科学性。

2. 会计文化体现

开放包容：清朝时期的财计分析在保持传统特色的同时积极吸收外来文化，体现了开放包容的文化态度和精神风貌。

追求精确与科学：随着科学技术的发展和社会对精确信息的需求增加，清朝时期的财计分析更加注重精确性和科学性，推动了会计学科的进步和发展。

四、近现代会计分析的发展：从融合到创新，逐步迈向全球化

（一）中西融合与初步建立（清末民初至中华人民共和国成立初期）

1. 中西融合的探索

清末民初，中国社会正处于从传统向现代转型的关键时期。随着西方列强的入侵和洋务运动的兴起，西方先进的科学技术、管理理念及会计制度开始传入中国。中国会计界开始逐步构建起基于复式记账系统的会计分析框架。在这一过程中，不仅吸收了资产负债表、利润表等财务报表的编制方法，还引入了比率分析、趋势分析等会计分析技术，为评估企业盈利能力、偿债能力、运营效率等提供了新视角。

2. 会计分析的特点

此阶段的会计分析以引入和学习西方会计理论为主，注重基础报表的编制与分析，开始形成系统的会计分析体系；集中于对企业财务状况的基本评估，如对资产负债率、流动比率、利润率等关键指标的计算与分析，帮助企业了解自身经营状况，为决策提供初步依据。

3. 会计文化的演变

这一时期，强调学习与借鉴，会计文化开始从封闭走向开放。会计教育界开始重视西方会计理论的教学与研究，培养了一批既懂中国国情又掌握国际会计知识的专业人才，为后续的会计分析发展奠定了人才基础。

（二）规范化与专业化发展（改革开放后）

近现代以来，特别是随着社会经济环境的深刻变革和西方会计理论的广泛融合，中国会计分析不仅吸收了国际先进经验，还结合本土实际，逐步构建起一套适应现代企业管理

与资本市场需求的会计分析体系。

现代会计分析在财务管理中占据重要地位，其中，报表分析是评估企业财务状况和经营成果的关键环节。在报表分析中，偿债能力、营运能力和盈利能力是衡量企业财务状况的三项核心能力指标。

1. 偿债能力分析

偿债能力是指企业偿还到期债务（包括本息）的能力。它分为短期偿债能力和长期偿债能力两种。

（1）短期偿债能力主要衡量企业流动资产对流动负债的清偿能力，常用的短期偿债能力指标包括以下方面。

①流动比率：流动资产与流动负债的比率，反映企业每单位流动负债有多少流动资产作为偿还的保证。

②速动比率：速动资产（流动资产减去存货等变现能力较差的资产）与流动负债的比率，更加严格地反映企业的短期偿债能力。

③现金比率：经营现金净流量与流动负债的比率，直接体现企业用现金偿还短期债务的能力。

（2）长期偿债能力主要衡量企业在较长时期内偿还债务的能力，常用的长期偿债能力指标包括以下方面。

①资产负债率（或负债比率）：负债总额与资产总额的比率，反映企业总资产中有多大比例是通过借债来筹资的。

②产权比率：负债总额与所有者权益的比率，表明债权人提供的和由投资者提供的资金来源的相对关系。

③已获利息倍数：息税前利润与利息费用的比率，反映企业息税前利润对利息费用的保障程度。

2. 营运能力分析

营运能力主要反映企业资产运用、循环的效率高低，常用的营运能力指标包括以下方面。

（1）流动资产周转情况指标

①应收账款周转率：营业收入净额与平均应收账款的比率，反映应收账款的周转速度。

②存货周转率：营业成本与平均存货的比率，衡量企业存货的周转速度。

③流动资产周转率：营业收入净额与平均流动资产的比率，全面反映流动资产的利用效率。

（2）固定资产周转情况指标

固定资产周转率：营业收入净额与平均固定资产的比率，反映固定资产的利用效率。

（3）总资产周转情况指标

总资产周转率：营业收入净额与资产平均总额的比率，衡量企业全部资产的利用效率。

3. 盈利能力分析

盈利能力是企业获取利润、实现资金增值的能力，常用的盈利能力指标包括以下方面。

（1）主营业务利润率：主营业务利润与主营业务收入的比率，反映企业主营业务的盈利能力。

（2）成本费用利润率：利润总额与企业成本费用总额的比率，衡量企业成本费用控制的水平。

（3）总资产报酬率：利润总额与利息支出之和与平均资产总额的比率，全面反映企业资产的盈利能力。

（4）净资产收益率（或权益净利率）：净利润与平均净资产的比率，表示每1元权益资本赚取的净利润，反映权益资本的盈利能力。

会计核算系统通过一系列规范的会计程序和方法，记录、分类、汇总企业的经济业务，形成财务报表等会计信息。财务分析则在此基础上，对这些会计信息进行进一步的整合，构建出更加全面、系统的财务分析体系。财务分析不仅是对会计信息的简单汇总和呈现，还是通过对会计信息的深度解读，揭示出企业经济活动背后的经济含义和财务关系。这种深度解读有助于企业管理层更好地了解掌握企业的财务状况、经营成果和现金流量，为决策提供更加有力的支持。

课后练习

1. 操作题

通过学习本节内容，在（　　　）处填入合适的关键词或语句，将下面的思维导图补充完整。

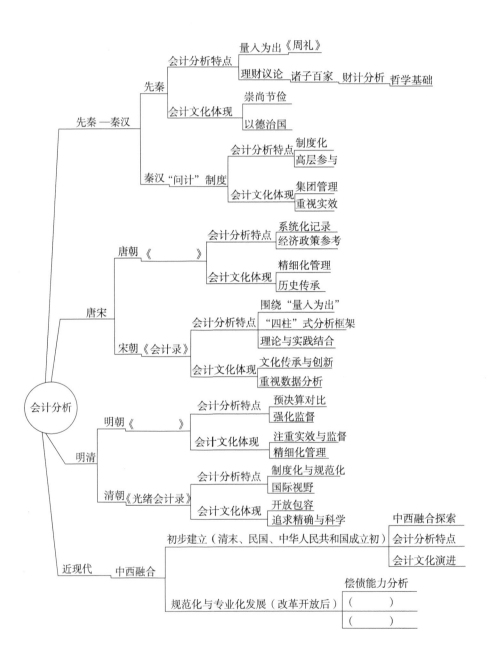

2. 思考题

中国古代"财计分析"经历了哪几个阶段？每个阶段的主要特点是什么？

第七节

计算技术史与会计史

中国会计史与计算技术史并行发展，凸显了数学与科学技术对会计、审计领域的核心支撑作用。从远古至今，数学与科技的进步持续推动会计、审计实现精确计量、细致核算与高效管理。在这一历程中，中国数学与科技的飞跃见证了历史，促进了管算融合能力的飞跃式发展。

一、远古至先秦时期：计数意识的觉醒

1. 结绳记事

远古时期，为了应对生存的挑战，人类逐渐萌生了计数意识，旨在更有效地管理和分配有限的资源。在这一背景下，"结绳记事"应运而生，成为人类最早的计数方式之一。通过在绳子上打结来记录数量信息，这种直观而简单的方法不仅满足了基本的计数需求，还隐含了分类与归纳的会计思维雏形。绳结的颜色、大小、位置变化，映射出人类对资源进行分类管理的初步尝试，为后世会计体系的形成奠定了思想基础。

2. 文字记数法

随着文明的进步，中式数码的发明意味着计数方式的又一次飞跃。这一时期，人们开始以干支纪年为框架，用数码来精确表示日期，从而创造了"文字记数法"。这一方法的出现，极大地促进了会计实践的发展，使财务数据的记录与分析变得更加系统化和规范化。

西周时期，"文字记数法"的应用已经达到相当高的水平，形成了较为完善的记录体系。春秋时期，人们对于数字的运用更加灵活与广泛，数的记录已经扩展到了亿、兆、京、垓等更大的数量级，并且严格遵循十进制的原则。这些进步不仅体现了古代中国在数学领域的卓越成就，还为会计工作的精细化与复杂化提供了有力支持。

专门刻写有算数的"甲骨书契"如图 5 – 15 所示。

3. 计算工具的革新

春秋战国之际，"算筹"出现，它不仅承袭了人类以指计数的古老智慧，更以精巧的布局演绎出复杂计算的无限可能。至战国晚期，"清华简"中的《算表》（见图 5 – 16）

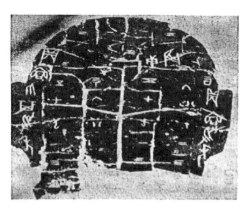

图 5 - 15 专门刻写有算数的"甲骨书契"

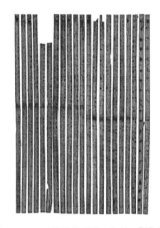

图 5 - 16 "清华简"中的《算表》

惊世骇俗,作为迄今为止发现的最早十进制计算器,它不仅展现了九九乘法的广泛应用,还揭示了当时运算技巧的高度成熟。这些计算工具的革新,极大地增强了人类处理数字的能力,使会计记录与分析越发精准高效,为经济活动的精细化管理插上了翅膀。

二、汉至唐宋:计算工具与会计方法的共进

1. 珠算兴起与会计实践的同步深化

珠算的历史可以追溯到汉朝,"珠算"一词最早见于汉朝徐岳所撰的《数术记遗》一书,其中明确提到了"珠算"一词及其基本操作方法。这表明,珠算作为一种计算技术,在中国古代已有相当长的历史。算盘的雏形可以追溯到更早的算板或算筹,算盘以其独特的结构和操作方式,逐渐取代了这些早期工具,成为古代中国乃至东亚地区广泛使用的计算工具。

2. 会计文化的交融与繁荣

魏晋数学家刘徽在数学与会计领域有卓越的成就。其著作《九章算术注》不仅对

《九章算术》进行了深入阐释与补充，系统总结了当时的数学成就，还融入了诸多个人见解与创新，极大地丰富了数学理论体系，为会计计算的精确化奠定了坚实基础。《海岛算经》则是刘徽另一部杰作，该书通过具体问题的解答，展示了如何运用勾股定理等数学原理来解决实际问题，其方法论对会计实践中的问题解决具有深远影响。刘徽的贡献不仅在于数学理论的深化，还在于他将数学之美与会计之实巧妙结合，促进了会计文化的交融与繁荣。

三、宋元至明清：珠算的辉煌与会计实践的深化

1. 珠算的成熟与会计实践的同步深化

宋朝珠算逐渐走向成熟，宋朝数学家对珠算口诀和算法进行了系统整理和规范。清朝以来，珠算在全国范围内普遍流传，珠算文化也逐渐渗透到社会生活的各个方面。在《清明上河图》中，赵太丞家药铺作为一个小小的缩影，展示了宋朝商业活动的生动场景。算盘在药铺中的广泛应用彰显了其强大的计算能力。药铺经营涉及复杂的进销存管理，包括药材的采购价格、销售定价、库存盘点等多个环节，这些都需要进行精确的计算。算盘以其独特的上下结构，通过上下珠的灵活移动，能够轻松完成加减乘除等复杂运算，满足药铺复杂的商业计算需求。

珠算是中国古代的一项重大发明。2008 年 6 月 14 日，中国珠算心算协会申报的珠算（珠算文化）经中华人民共和国国务院批准列入第二批国家级非物质文化遗产名录（项目编号：Ⅹ - 119）。

2. 会计文化的传承与创新

明朝数学家程大位撰《算法统宗》（又名《直指算法统宗》《新编直指算法统宗》），系统阐述珠算方法，普及珠算技术，确立了算盘用法，贡献卓越。珠算文化作为独特的文化符号，广泛传播并深入人心，不仅体现了中国人民的智慧与创新，还促进了社会经济的繁荣与发展。这一时期的会计史与计算技术史紧密相连，共同谱写了中华文明的辉煌篇章。

四、近现代时期：电算化的兴起与会计信息化的飞跃

20 世纪 70 年代，中国会计领域迎来了一场革命性的变革，随着微型电子计算机的引入，中国进入会计电算化新发展阶段。这一转变促使会计信息系统无缝融入中国电子计算机管理信息系统（MIS），成为其不可或缺的子系统之一。

20 世纪 80 年代，中国会计电算化迈入了初步发展阶段，这一时期见证了会计数据处理效率与准确性的显著提升。随着时间的推移，至 20 世纪 90 年代，电算化会计

的应用范畴进一步拓展，计算机审计与电子计算机财务相继在企业管理的广阔舞台上崭露头角，共同推动了企业管理水平质的飞跃，将它们的应用提升到了一个前所未有的高度。

21 世纪，随着信息技术的飞速发展，电子计算机在深化改革中的广泛应用为会计电算化注入了新的活力。中国会计电算化事业不仅在技术层面实现了跨越式发展，还在国际舞台上占据了领先地位，其水平与成效均达到了国际先进标准，彰显了中国会计行业蓬勃的生命力与创新精神。

五、数字化与智能化转型引领行业变革的新篇章

进入 21 世纪的第二个十年，科技的浪潮以前所未有的速度席卷全球，大数据、云计算、人工智能（AI）、区块链等前沿技术的迅猛发展，为各行各业带来了革命性的变化，会计领域也不例外。这些技术的融合应用不仅极大地提升了会计工作的效率与准确性，还深刻地改变了会计的职能定位，推动其从传统核算型向管理型、决策支持型转变，开启了会计行业的新纪元。

（一）大数据与会计分析：洞察数据背后的价值

1. 数据收集与处理的飞跃
随着大数据技术的广泛应用，企业能够以前所未有的规模收集和处理财务数据及非财务数据。这些数据涵盖了市场趋势、客户行为、供应链动态等多个维度，为会计分析提供了丰富的素材。

2. 深度与广度的拓展
大数据分析不再局限于简单的数据汇总与对比，而是通过数据挖掘、机器学习等高级算法，深入挖掘数据背后的规律和趋势。这种分析不仅提升了会计信息的精度，还拓宽了分析的广度，使会计能够更全面地反映企业运营状况，为战略决策提供更为精准的支持。

3. 战略决策的智囊团
基于大数据的会计分析，企业能够及时发现市场机遇与潜在风险，调整经营策略以应对市场变化。会计部门从幕后走向前台，成为企业战略规划中不可或缺的一部分。

（二）云计算与会计信息系统：灵活高效的云端解决方案

1. 云端部署的便捷性
云计算技术的普及，使会计信息系统得以摆脱物理设备的束缚，实现云端部署和远程访问。这一变革极大地提高了系统的灵活性和可扩展性，企业可以根据实际需求快速调整

资源配置，无须担心 IT 基础设施的限制。

2. 成本效益的优化

通过订阅云服务，企业无须投入大量资金自建和维护 IT 系统，有效降低了 IT 成本。同时，云服务提供商的专业运维团队确保了系统的稳定性和安全性，使企业能够专注于核心业务的发展。

3. 协同工作的新平台

云端会计信息系统支持多地点、多用户的实时协同工作，打破了地域和时间的限制。团队成员可以随时随地访问系统数据，进行高效的沟通与协作，提升整体工作效率。

（三）人工智能与自动化：重塑会计工作流程

1. 重复性工作的解放

AI 技术在会计领域的应用日益广泛，智能凭证识别、自动对账、税务筹划等自动化工具极大地减轻了会计人员的负担。这些工具能够高效处理大量重复性、高耗时的会计工作，使会计人员从烦琐的事务中解脱出来，专注于更具价值的工作内容。

2. 工作质量与效率的双提升

通过机器学习算法，AI 系统能够不断优化工作流程，提高工作质量和效率。同时，AI 系统能根据历史数据预测未来发展趋势，为管理层提供前瞻性的建议和预警，帮助企业更好地应对市场变化。会计职能逐渐从传统的核算型向管理型、决策支持型转变。会计人员将更多地参与企业的战略规划和经营管理，发挥更大的作用和价值。

（四）区块链与会计透明度：构建信任的新基石

1. 去中心化与不可篡改性

区块链技术以其去中心化、不可篡改的特性，为会计信息的透明度和安全性提供了新的解决方案。在区块链上，每一笔交易都被永久记录并公开可查，确保了会计信息的真实性和完整性。

2. 审计流程的简化与成本降低

区块链技术的应用简化了审计流程，降低了审计成本。审计人员可以直接访问区块链上的交易记录，进行验证和审核，无须耗费大量时间和精力进行传统的手工对账和文件审查工作。

3. 信任机制的建立

区块链技术的引入增强了企业内外部利益相关者之间的信任关系。通过公开透明的会计信息披露机制，企业能够赢得更多投资者的信任和支持，促进资本市场的健康有序发展。

课后练习

1. 操作题

通过学习本节内容，在（　　）处填入合适的关键词或语句，将下面的思维导图补充完整。

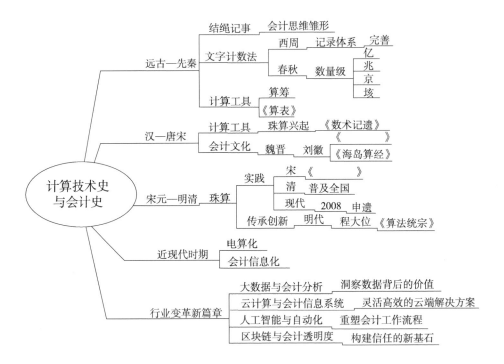

2. 思考题

（1）计算技术史如何推动了中国会计史的发展？请举例说明。

（2）你认为未来会计与计算技术融合的发展趋势是什么？会计人员应如何适应这一趋势？

会计文化赏析

1. 北宋 黄庭坚《赠李辅圣》

【欣赏】

赠李辅圣

〔宋〕黄庭坚

交盖相逢水急流，八年今复会荆州。

已回青眼追鸿翼，肯使黄尘没马头。

旧管新收几妆镜，流行坎止一虚舟。

相看绝叹女博士，笔研管弦成古丘。

【分析】

黄庭坚的《赠李辅圣》是一首融合了会计知识的诗。诗中运用了宋朝官厅会计"四柱结算法"的知识，黄庭坚提到的"旧管""新收"是"四柱结算法"中的两个柱子，在这里指的是人员变动的数量，将会计概念转化为生活中的趣味比喻。诗人以幽默诙谐的方式询问了他的老朋友李辅圣过去和现在的家庭状况，实际上是在运用会计术语与老友叙旧，以此表达对时间流逝的无限感慨。通过将专业的会计语言融入诗句，黄庭坚创造了一种独特的艺术效果，使整首诗既具有文学价值，又蕴含了财务管理的智慧。

2. 南宋 辛弃疾《雨中花慢》

【欣赏】

雨中花慢（吴子似见和，再用韵为别）

〔宋〕辛弃疾

马上三年，醉帽吟鞍，锦囊诗卷长留。怅溪山旧管，风月新收。明便关河杳杳，去应日月悠悠。笑千篇索价，未抵蒲桃，五斗凉州。

停云老子，有酒盈樽，琴书端可消忧。浑未解、倾身一饱，淅米矛头。心似伤弓塞雁，身如喘月吴牛。晓天凉夜，月明谁伴，吹笛南楼。

【分析】

《雨中花慢（吴子似见和，再用韵为别）》是南宋词人辛弃疾创作的一首送别词。这首词表达了词人对友人吴子似的依依不舍之情，同时也流露出词人自身的感慨和抱负。词中通过对自然景物的描绘和对人生哲理的抒发，展现了辛弃疾深沉的情感和宽广的胸怀。"怅溪山旧管，风月新收"中同样引用了"四柱结算法"的会计术语，用"旧管"表示维持原样，用"新收"表示新添的美景，表达了词人对过去美好时光的怀念。用会计术语来形容美景，不仅能够帮助我们更深入地理解诗词中的意境，还能够以一种新颖的视角欣赏自然之美，产生令人难以忘怀的惊艳效果。

章节巩固

一、单项选择题

1. 四柱结算法的基本公式是（　　　）。

A. 入 - 出 = 余　　　　　　　　　　B. 收 - 付 = 余

C. 旧管＋新收－开除＝实在   D. 旧管＋新收＝开除＋实在

2. 我国最早的复式记账法是（   ）。

A. 龙门账   B. 四脚账   C. 连环账法   D. 借贷记账法

3. 秦代对经济凭证的表述确定下来，主要以（   ）称谓。

A. 书契   B. 券   C. 质   D. 剂

4. 复式记账法要求对每一项经济业务都在（   ）个账户中进行相互联系的登记。

A. 一个   B. 两个或两个以上   C. 三个   D. 四个

5. 在中国古代，最早引入会计期间概念的会计报告是（   ）。

A. 日成   B. 月要   C. 岁会   D. 三柱式会计报告

6. （   ）时期会计报告编制格局发生了显著变化，出现了数据组合式会计报告。

A. 上古   B. 秦汉   C. 唐宋   D. 明清

二、多项选择题

1. 我国会计结算方法经历了（   ）阶段。

A. 盘存结算法   B. 三柱结算法   C. 四柱结算法   D. 复式记账法

2. 按照记账符号和记账规则的不同，复式记账法主要分为（   ）。

A. 现金记账法   B. 收付记账法   C. 增减记账法   D. 借贷记账法

3. 下列关于《万历会计录》和《光绪会计录》的说法正确的是（   ）。

A. 它们是中国古代会计分析的重要代表作

B. 主体结构传承了财计分析的原理和方法

C. 成书方式和方法相较于之前的《会计录》没有改进

D. 对中国近代政府会计的预决算比较分析产生了影响

4. 中国上古时期会计账簿的发展阶段包括（   ）。

A. 从陶土文字向甲骨文演变   B. 从甲骨文向金文演变

C. 竹简作为账簿书写载体   D. 纸质账簿文书书写应用

5. 秦汉时期的"上计"与"上计簿"制度有（   ）特点。

A. 逐级编报、汇总与审核

B. 被纳入国家法律体系，称为"上计律"

C. 每年举行隆重的"上计"会议

D. 体现了会计报告在古代国家治理中的重要地位

E. 采用了复式记账法

第 六 章

会计精神文化

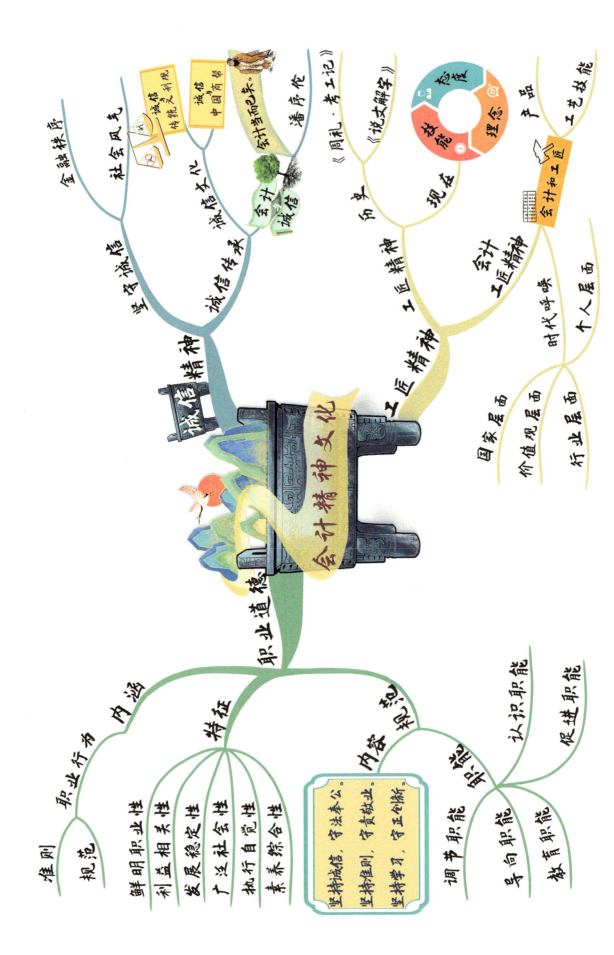

会计精神文化

诚信精神
- 坚守诚信
  - 金融秩序
  - 社会风气
- 诚信文化
  - 诚信为传统义利观
  - 诚信与中国商帮
- 诚信传承
  - 会计考而已矣。
  - 潘序伦
  - 会计诚信

工匠精神
- 工匠精神
  - 《周礼·考工记》
  - 《说文解字》
  - 古人
  - 现在
    - 态度
    - 技能
    - 理念
    - 产品
  - 工艺技能
  - 会计和工匠
- 会计工匠精神
  - 时代呼唤
    - 国家层面
    - 价值观层面
  - 个人层面
    - 行业层面

职业道德
- 内涵
  - 职业行为
  - 准则
  - 规范
- 特征
  - 鲜明职业性
  - 利益相关性
  - 发展稳定性
  - 广泛社会性
  - 执行自觉性
  - 素养综合性
- 内容
  - 坚持诚信，守法奉公。
    坚持准则，守责敬业。
    坚持学习，守正创新。
- 职能
  - 调节职能
  - 导向职能
  - 教育职能
  - 认识职能
  - 促进职能

学习目标

◀ **思政目标** ———————————————————————————————————

提升职业道德素养。具备优秀的职业道德品质，以高标准的责任感和使命感履行职责，维护会计信息的真实性和完整性。

◀ **知识目标** ———————————————————————————————————

熟悉职业道德规范内容。详细了解财政部发布的会计人员职业道德规范。

◀ **能力目标** ———————————————————————————————————

增强自律与自我约束能力。通过学习学会自我管理和自我约束，自觉遵守职业道德规范，增强精神力量，坚决抵制不良诱惑，维护个人职业操守。

会计文化导入

1934 年 10 月，中华苏维埃共和国国家银行的 14 名工作人员，被编入中央纵队第十五大队，跟着中央主力红军开始长征。他们装备的"武器"既不是长枪刺刀，也不是炸弹大炮，而是 100 多副扁担挑子。在秋风瑟瑟细雨中，14 名工作人员和上百名挑夫，带着新生国家的所有家当参与了长征。

长征途中，"扁担银行"队伍面临前所未有的艰辛与挑战。他们不仅要翻越崇山峻岭、穿越茫茫草地，还要时刻警惕敌人的袭击和围堵。在恶劣的自然环境和紧张的战争氛围中，运输队员们肩上的担子显得格外沉重。他们不仅要保护好自己的生命安全，还要确保国家银行的资产万无一失。

1935 年 10 月 19 日，第十五大队随中央纵队一起到达陕北吴起镇，经过清点发现，除了长征路上的正常开支，竟没有损失一块银圆，这可以说是一个奇迹。正是依靠这笔资金，国家银行保留了重新起家的资本。

国家银行的同志们充分发挥聪明才智，履职尽责，牢牢抓住"钱袋子"，与紧紧握住"枪杆子"的战斗部队一起，勠力同心保障了长征的伟大胜利。历经千山万水，精神之光永存。

人无精神则不立，国无精神则不强。唯有精神上站得住、站得稳，一个民族才能在历史洪流中屹立不倒、挺立潮头。同困难作斗争，既是物质的角力，也是精神的对垒。

第一节

诚信精神

战国时期，商鞅在秦国推行变法前，为了树立威信，确保新法令的顺利实施，他下令在都城南门竖立一根木头，并张贴告示称，将此木扛到北门者，赏金十金。起初民众不信，赏金提至五十金时，才有一人应募，将木头扛到北门，商鞅当即赏给他五十金。这一举动使商鞅在百姓心中树立了令出必行的形象，他的新法令随后得以顺利推行。

商鞅立木建信的故事，也称商鞅立信，是历史上著名的诚信故事之一。它既体现了商鞅变法的决心和智慧，也强调了诚信在治国理政中的重要性。通过这一事件，商鞅成功地赢得了民众的信任和支持，这为后续的变法改革奠定了坚实基础。

一、坚守诚信

信誉积累需要几十年甚至上百年的时间，而摧毁它，可能只需要一瞬间。如果不实账目事件频发，则会加剧公众对资本市场的信任危机，影响资本市场的健康发展。投资者对市场的不信任可能导致资金撤离，进而影响实体经济的发展。

在实际工作中，部分会计人员出现了"诚信缺失"甚至"道德滑坡"的现象，这确实令人担忧。比如，有些虽然具备专业知识但缺乏道德约束的会计人员，利用他们的专业技能进行不当行为。这样的行为不仅扰乱了正常的金融秩序，还对社会风气造成了不良影响，成为和谐社会中的不和谐因素。

会计人员在实际操作中，要坚守"诚信为本"的原则。

二、诚信传承

诚信是指言行与思想一致，不弄虚作假。信，即信用。中国传统儒家文化中的核心价值观念和道德规范"仁、义、礼、智、信"中，信是核心。

（一）诚信文化

1. 诚信与传统义利观

中国传统义利观是中国古代哲学思想的重要组成部分，主要探讨了"义"与"利"之间的关系。这一观念在中国历史上有着悠久的传统，尤其是以孔子、孟子为代表的儒家思想对其形成和发展产生了深远影响。

在中国传统义利观中,"义"被理解为适宜、应当的行为准则或道德规范,而合乎道义的一个标准就是诚实守信;而"利"则指个人的利益和好处。

儒家义利观主张重义轻利,同时,认识到义和利在一定条件下可以统一,即通过正当手段追求个人利益的同时也能促进社会的整体利益。儒家强调以义来制约和引导利益追求,认为在追求利益的过程中应遵守道德规范和社会公序良俗。提倡的是"君子爱财,取之有道"。孔子曾说"不义而富且贵,于我如浮云",意思是用不正当的手段获得的财富和尊贵,对于他来说就好像天空中的浮云一样没有任何意义。

2. 诚信与中国商帮

中国商帮,尽管经商之道各有千秋,但却有一条共同恪守的准则,就是诚信。

(1)晋商——"诚信义利"

晋商,即山西商人,兴盛于明清两代,以其雄厚的商业资本和广泛的经营网络闻名于世。晋商在商业活动中讲究"诚信义利",始终坚守诚信为本的原则,视信誉为生命。晋商票号遍布全国,甚至远达海外,其成功秘诀之一便是严格的信用管理制度和诚信经营的理念。晋商认为,只有以诚待人,才能赢得客户的信任和市场的认可,从而确保商业活动长期稳定发展。

(2)徽商——"财自道生,利缘义取"

徽商,即徽州商人,起源于东晋时期,明清时期达到鼎盛。徽商在商业活动中看重"财自道生,利缘义取",同样坚守诚信原则,注重商业信誉的建立和维护。他们善于把握商机,但从不以欺诈手段谋取利益。徽商认为,诚招天下客,誉从信中来,只有以诚待人,才能赢得客户的信赖和支持。徽商在经营过程中还注重社会责任的承担,积极参与公益事业和慈善活动,进一步提升了自身的社会形象和信誉度。

(3)鲁商——"大柔大刚,趋义避财"

鲁商,即山东商人,其历史可以追溯到春秋战国时期,兴盛于明清及近现代。鲁商深受儒家文化的影响,在商业活动中坚守"大柔大刚,趋义避财"的理念,始终秉持诚信经营的原则。"大柔"是指山东商人深受儒家思想的影响,经营时行为规范,童叟无欺。当一个商人拥有了这两大"利器"之后,别人便只能望其项背,这就是"大刚"了。他们不仅注重商品的质量和服务的质量,还注重商业信誉的积累和维护。鲁商认为,诚信是商业活动的基石,只有坚守诚信,才能在激烈的市场竞争中立于不败之地。鲁商还注重商业道德的传承和教育,将诚信理念代代相传,赢得了广泛的赞誉和尊重。

对于这些商帮而言,利润是诚信经营的副产品。他们注重商业信誉的建立和维护,从而赢得了广泛的尊重,使他们的商帮能够绵延百年,历久弥新。

(二)会计与诚信

1. 孔子"会计当而已矣"

"会计当而已矣"是孔子对会计职责进行的总结,其含义是:会计就是要公正客观地记录经济业务，即对中国古代会计最基本的要求是追求真实，会计要采取正当的行为，做正当的事。2000多年前，孔子对会计的认识与我们现代人如出一辙，反映了会计文化悠远的历史延续和传承。

2. 潘序伦"立信会计师事务所"

"近代会计之父"潘序伦先生倡导"信以立志，信以守身，信以处事，信以待人，毋忘立信，当必有成"，并将其创立的中国第一个具有现代意义的会计师事务所取名为"立信"，强调诚信是个人成长和事业成功的基石。

经济越发展，会计越重要。会计越重要，越需要坚守诚信。诚信不但是立身之本，也是立业之基。

课后练习

1. 操作题

通过学习本节课程内容，在（　　）处填入合适的关键词，将下面的思维导图补充完整。

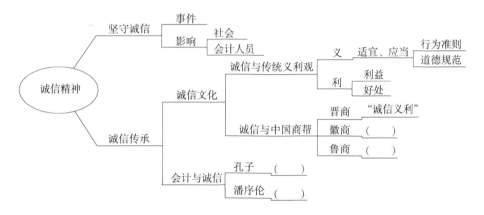

2. 思考题

会计人员在实际工作中面临哪些挑战？如何坚守诚信为本的原则？

第二节

工匠精神

在中国传统农业社会的悠久历史长河中，工匠精神得到了广泛的传承与发扬。从长城故宫的气势恢宏，到瓷器丝绸的精美雅致；从庄子笔下庖丁解牛的"游刃有余"，到《核舟记》中的"游削于不寸之质，而须麋了然者"；从拥有"四大发明"的文明古国，到连续十余年位居世界前列的制造大国……工匠精神使"中国制造"转型升级为"中国质造"。

一、工匠精神古今比照

《周礼·考工记》总序深刻阐述了"工匠精神"的精髓："知者创物，巧者述之，守之世，谓之工。"这句话赋予了"工"深远的含义，它不仅指那些智慧地创造器物的人，还强调了那些能够巧妙地遵循工艺技法，并将这份技艺世代相传的职业者的重要性。《说文解字》第十二卷中将"匠"定义为"木工"，然而，随着时代的演进，"匠"的含义已远远超越了单纯的木工范畴，它现在泛指那些拥有一技之长，并在各自领域内精益求精的工作者。

"工匠精神"这一概念最早于2003年由聂圣哲教授提出。他当时呼吁要珍惜"中国制造"这一世界给予的礼物，强调这是一个不可多得的练兵机会，决不能轻易丢失。他提出，通过熟能生巧，"中国制造"可以逐步过渡到"中国精造"。同时，他强调要有工匠精神，实现从"匠心"到"匠魂"的升华。2021年9月，党中央批准了中央宣传部梳理的第一批纳入中国共产党人精神谱系的伟大精神，工匠精神被纳入。

大国工匠
王曙群

现代工匠精神包括高超的技艺和精湛的技能，严谨细致、专注负责的工作态度，精雕细琢、精益求精的工作理念以及对职业的认同感、责任感。

工匠精神是社会文明进步的重要尺度，是中国制造前行的精神源泉，是企业竞争发展的品牌资本，是个人成长的道德指引。

二、会计工匠精神

1. 会计与工匠

会计人员天天与数字信息打交道，而数字信息最讲求精确和完整。从某种意义上说，会计人是更高层次的工匠，会计职业更需要匠心传承。会计凭证、账簿、报表、财务报告就是会计人的产品，对财经法规、会计制度及准则和内控制度、审计条例的掌握程度以及构成职业胜任能力的沟通、协调、管理、决策、职业判断能力等各项要素，就是会计人的工艺技能。

工匠精神基本体现为日常会计核算工作的严谨细致。每一笔经济业务的核算都需要经历一个耐心细致的打造过程，从整理票据、款项收付、制作凭证、复核及签字、登记账簿、成本计算、财产清查到编制报告，每一步都是环环相扣，不容一丝差错。最终，这些步骤形成一本本账、一张张表，对经济业务进行及时、连续、完整和系统的记录和核算。会计业务的处理过程既需要个人的精心打磨，又需要团队的精诚合作。

2. 时代呼唤会计工匠精神

（1）国家建设层面

①创新型国家建设。建设创新型国家，不仅需要具备工匠精神的匠人，更需要具备工匠精神的管理者。财务会计作为单位组织生产经营活动的"晴雨表"，其资金流和价值链

的管理在物流管理系统、信息流管理系统、人力资源管理系统中起着牵引和指挥作用，是资源配置的总调度。只有会计人员具备业务精湛、匠心独具的特质，才能与创新型国家建设的观念相适应，为决策管理者提供创新型决策的服务数据信息。

②质量强国建设。在中国制造向中国创造转变、中国速度向中国质量转变、中国产品向中国品牌转变过程中，国家呼唤有十年磨一剑精神的团体与个人。共建"一带一路"，构建人类命运共同体，需要有大国的顶层设计和引领，更需要大国的质量和信誉。会计人员要以会计工匠精神为指引，诊治会计信息失真问题，不断提高会计信息质量，为质量强国建设提供坚实支撑。

（2）价值观塑造层面

①文化自信提升。习近平总书记指出："自信才能自强，有文化自信的民族，才能立得住、站得稳、行得远。"中华文明历经数千年而绵延不绝，迭遭忧患而经久不衰，这是人类文明的奇迹，也是我们自信的底气。中华民族如此，中华儿女亦如此，有自信的个人，才能挺得起腰板、迈得开步子、看得清方向。工匠精神可以激发财务会计工作人员的工作热情，引导他们学习新知识、钻研新业务，将个人价值实现融入辛勤工作，传承和发扬优秀会计文化，增强财务会计工作者的文化自信。

②劳动价值观重塑。爱岗敬业是工匠精神的底色。在当前背景下，提倡会计工匠精神旨在引导财务会计人员养成兢兢业业、一丝不苟的职业态度，做到知行合一，形成精于计算、善于管理、甘于服务的职业修养，重塑劳动光荣的价值观。

（3）行业转型层面

伴随技术的进步和经济的转型，会计职业和岗位发生了显著变化。在这种形势下，财务会计人员应秉持工匠精神，以匠心铸就质量之魂，适应会计行业和岗位的转型迭代，由核算会计转向管理会计、业财融合，由独自核算管理转向财务共享中心集中核算管理等。

（4）个人发展层面

①职业理想。财务人员面对的工作烦琐而具体，应明确区分"生计"与"事业"的本质不同，将职业视为实现自我、服务社会的事业。勇于担当职业责任，不辱时代赋予的使命，在平凡的岗位上坚持初心，敢于面对挑战，爱岗敬业，精益求精，求实创新，追求卓越。探索遵循世界与生活之道，制定科学合理的策略，致力于专业技能的提升，并借助高效的工具，实现从"匠心"到"匠魂"的精神升华。

②职业追求。会计人员在职业追求上需保持持续学习的热情，紧跟政治经济动向，通晓会计制度及政策变化，确保核算的真实合规。深入剖析运用财务数据，以灵活的财务技能解决各类工作难题。在这个过程中，会计人员应秉持"致广大而尽精微"的理念，既要有远大的职业目标，致力于成为高层次财务人才，又需要关注并处理好每个细微之处，确保工作完成得精准无误。为此，会计人员应勤奋钻研，不断积累实战经验，并致力于提升财务分析与决策能力。勇于拥抱变化，紧跟时代步伐，广泛吸纳新知，实现知识的更新迭

代，并将这些新思维、新方法创造性地融入财务管理实践。

③职业操守。会计人员的职业操守体现在多个方面，首先是自我约束的职业操守，其中"依法理财"是每位财务人员必须坚守的职业行为底线。此外，财务人员应摒弃马虎粗心、随意倦怠的心态，保持积极向上的精神状 **会计人物：谢霖**
态，始终如一地遵循谨慎性原则，形成一丝不苟的职业态度、细致严谨的职业作风以及专注精准的职业习惯。更重要的是，财务人员应秉持正直、诚实、廉洁的职业品格，以高超的专业技能和热情周到的服务态度，为客户提供专业的技术服务，从而塑造出可靠的职业形象。这三个方面的职业操守共同构成了会计人员职业行为的基石。

 课后练习

1. 操作题

通过学习本节课程内容，在（　　）处填入合适的关键词，将下面的思维导图补充完整。

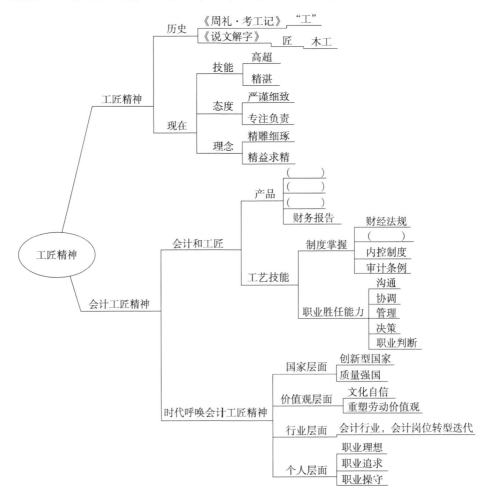

2. 思考题

在会计工作中，如何体现和践行工匠精神？

第三节

会计职业道德

会计职业道德，作为会计行业从业者的行为准则与职业操守，是维系会计秩序、保障经济信息真实可靠、促进社会经济健康发展的基石。它不仅关乎会计人员的个人品德修养，更是整个会计行业公信力与社会责任感的集中体现。

一、会计职业道德内涵

会计职业道德是指在会计职业活动中应当遵循的、体现会计职业特征的、调整会计职业关系的各种经济关系的职业行为准则和规范。

会计职业道德是引导、制约会计行为，调整会计人员与社会、会计人员与不同利益集团以及会计人员之间关系的社会规范。它贯穿会计工作的所有领域和整个过程，体现了社会要求与个性发展的统一，着眼于人际关系的调整，以是否合乎情理、善与恶为评价标准，并以社会评价（荣誉）和个人评价（良心）为主要制约手段，是一种将外在要求转化为内在的非强制性规范。

二、会计职业道德特征

1. 鲜明的职业性

会计职业道德是会计职业界共同在会计实践中总结和提炼出来的，是与会计职业目标、会计职业岗位和会计职业活动紧密相连的，必然具有鲜明的会计职业特征。

2. 利益的相关性

会计职业道德是调整会计职业活动中各种利益关系的手段，它与会计信息的使用者，包括投资人、债权人、债务人、外部关系、单位决策者及各层级员工、政府相关部门等利益相关者有着直接或间接的利益关系。

3. 发展的稳定性

会计职业道德是在长期的会计实践中被人们共同认可和遵循的，反映了对会计职业的共同愿望和期许，是会计职业人员共同遵循的标准。

4. 广泛的社会性

会计职业道德是对会计职业人员的普遍要求和规范，它既不针对具体的工作岗位和具体的哪个人，也不针对哪个地区、哪个国家和哪个单位。因此，它具有广泛的社会性。

5. 执行的自觉性

会计职业道德对会计工作和会计人员的约束作用是无形的，是内化于心的自律行为，主要是依靠职业素养的修炼做到自我约束、自觉践行，社会舆论和社会监督只是外在的、辅助的。

6. 素养的综合性

会计职业道德与会计人员的思想道德和专业素养是紧密相连的，它综合体现会计人员对会计职业的整体适应性、规范性、精准性、效率性的要求。

三、会计人员职业道德规范

财政部发布的会计人员职业道德规范，旨在提高会计人员的职业道德水平，推进会计诚信体系建设。

（一）会计人员职业道德规范内容

1. 坚持诚信，守法奉公

牢固树立诚信理念，以诚立身、以信立业，严于律己、心存敬畏。学法知法守法，公私分明、克己奉公，树立良好职业形象，维护会计行业声誉。

2. 坚持准则，守责敬业

严格执行准则制度，保证会计信息真实完整。勤勉尽责、爱岗敬业，忠于职守、敢于斗争，自觉抵制会计造假行为，维护国家财经纪律和经济秩序。

3. 坚持学习，守正创新

始终秉持专业精神，勤于学习、锐意进取，持续提升会计专业能力。不断适应新形势、新要求，与时俱进、开拓创新，努力推动会计事业高质量发展。

（二）会计职业道德规范的职能

1. 调节职能

会计工作面临复杂的社会关系和社会矛盾，突出表现为会计人员之间，会计人员与其他工作人员之间，会计人员与集体、国家之间的关系，会计管理部门与其他业务部门，价值链管理与实物链、信息链的管理等存在诸多的不适应、不对称、不匹配的矛盾。除了依照国家颁布的财经会计法规调解解决，还要运用会计道德进行调解，从而理顺会计工作中人与人之间的关系，建立正常的工作秩序。

2. 导向职能

会计职业道德规范可以指导社会公民和会计人员自愿选择有利于消除各种矛盾、调整相互关系的会计道德的行为，促使会计人员协调一致，高质量、高效率、高水平地完成会计工作。

3. 教育职能

会计职业道德规范可以通过营造社会舆论、形成会计道德风尚、树立会计道德榜样等方式，来深刻影响人们的会计道德观念和会计道德行为，培养人们的会计道德习惯和会计道德品质，从而启迪人们的会计道德觉悟，培养人们实践会计道德行为的自觉性和主动性。

4. 认识职能

认识职能是指能够通过会计道德判断、会计道德标准和会计道德理论等形式，反映会计人员与他人、社会的关系，向人们提供践行会计职业道德规范应了解的知识。会计职业道德规范认识职能的直接意义是能够帮助人们提高对会计、会计学、会计工作、会计地位、会计人员等一系列重大问题的认识水平，为实践会计职业道德规范行为做认识准备。

5. 促进职能

会计职业道德规范通过会计人员参加各种社会活动直接影响社会道德。会计人员将确立的会计道德规范观念转化为自己的内心信念、责任担当和职业荣誉感，这样，在职业生活和社会生活中能够正确处理个人与个人、个人与社会的关系，自觉约束自己的行为。

会计职业道德是会计行业的重要组成部分，它对于提升会计人员的职业素养、维护会计行业的公信力和促进社会经济的健康发展具有重要意义。

课后练习

1. 操作题

通过学习本节课程内容，在（　　　）处填入合适的关键词，将下面的思维导图补充完整。

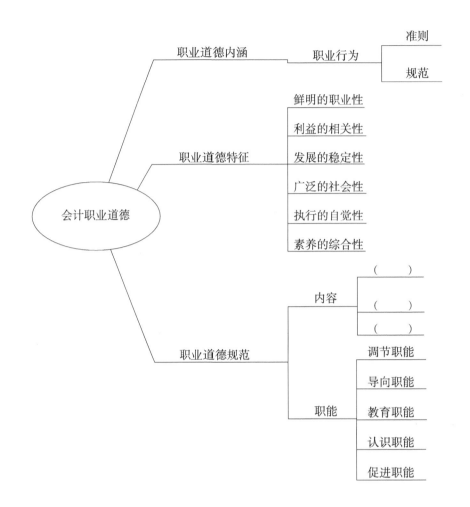

2. 思考题

会计职业道德规范的职能在会计实践中有哪些具体应用和体现？

✍ 章节巩固

一、单项选择题

1. 商鞅立木建信的故事主要是为了强调（   ）。

A. 商鞅的智慧   B. 商鞅的权威   C. 诚信的重要性   D. 变法的紧迫性

2. 工匠精神的核心不包括（   ）。

A. 爱岗敬业   B. 精益求精   C. 投机取巧   D. 求实创新

3. 会计职业道德的核心特征是（   ）。

A. 灵活性   B. 强制性   C. 自觉性   D. 随机性

4. 下列（   ）不属于会计职业道德规范的职能。

A. 调节职能   B. 导向职能   C. 惩罚职能   D. 促进职能

二、多项选择题

1. 会计人员在工作中通过（　　　）体现诚信精神。

A. 保证会计信息的真实性和完整性　　　　B. 拒绝参与任何形式的财务造假

C. 接受并遵循所有领导的指示　　　　　　D. 积极学习和提升自己的专业技能

2. 下列（　　　）可能导致会计人员诚信缺失。

A. 缺乏职业道德教育　　　　　　　　　　B. 自由裁量权过大且缺乏有效监督

C. 经济利益诱惑　　　　　　　　　　　　D. 个人价值观偏差

3. 工匠精神对于会计人员的重要性体现在（　　　）。

A. 提高会计信息的准确性　　　　　　　　B. 促进个人职业发展

C. 提升企业的整体竞争力　　　　　　　　D. 塑造积极向上的企业文化

4. 会计人员在工作中践行工匠精神的体现为（　　　）。

A. 严谨细致地处理每一笔业务　　　　　　B. 追求会计信息的尽善尽美

C. 不断学习和提升自己的专业能力　　　　D. 积极参与企业的创新活动

💡 文化链接

- 唯天下至诚，为能经纶天下之大经，立天下之大本。——《中庸》
- 民无信不立。——孔子
- 人之所助者，信也。——《易传》
- 被名利迷住了心窍的人，理性是无法加以约束的，于是他一头栽进那不可抗拒的欲念召唤他去的地方；他的职业已经不再是由他自己选择，而是由偶然机会和假象去决定了。——马克思
- 我们大家要学习他毫无自私自利之心的精神。从这点出发，就可以变为大有利于人民的人。一个人能力有大小，但只要有这点精神，就是一个高尚的人，一个纯粹的人，一个有道德的人，一个脱离了低级趣味的人，一个有益于人民的人。——毛泽东
- 凡事都要脚踏实地去作，不驰于空想，不骛于虚声，而惟以求真的态度作踏实的工夫。以此态度求学，则真理可明，以此态度作事，则功业可就。——李大钊

参考文献

［1］刘常青．孔子"会计当而已"思想及其研究成果的财产评估［J］. 贵州财经学院学报，2009（5）：45－50.

［2］吴芹芳．《元丰类稿》版本考略［J］. 江西图书馆学刊，2003（4）：79－81.

［3］刘营．秦汉货币制度变迁［D］. 石家庄：河北经贸大学，2016.

［4］叶裕民．城市决策者系统思考的方法——推荐德内拉·梅多斯的《系统之美》［J］. 城市管理与科技，2016，18（2）：87－88.

［5］魏勇．有管理，会计才有魂魄——《高级管理会计（第3版）》感悟［J］. 财务与会计，2024（2）：86.

［6］王江茹．《周礼》职官称谓词命名理据研究［D］. 石家庄：河北师范大学，2019.

［7］游婷婷．周代财计官制中内部控制思想的探讨［J］. 时代经贸（中旬刊），2007（S6）：80－81.

［8］吴文俊．最早的数目观念［J］. 语数外学习（高中版中旬），2021（9）：60－62.

［9］张维罴．中国原始社会史略［M］. 兰州：兰州大学出版社，1994.

［10］尤玉柱．三万年前骨雕之谜［J］. 化石，1982（2）：1－2，33.

［11］柴尔德．远古文化史［M］. 周进楷，译．上海：上海文艺出版社，1990.

［12］胡寄窗．中国经济思想史（上）［M］. 上海：上海人民出版社，1978.

［13］张立洋．先秦法家在近现代中国［D］. 济南：山东师范大学，2021.

［14］程晓峰．西周思想史论［D］. 长沙：湖南大学，2016（2）.

［15］沈斯文．桑弘羊经济思想研究［D］. 哈尔滨：哈尔滨商业大学，2022.

［16］刘雅泽．秦汉上计制度探究［J］. 人民论坛·学术前沿，2020（20）：124－127.

［17］孔学．《庆元条法事类》研究［J］. 史学月刊，2000（2）：40－47.